Rainer Maria Rilke
Silberne Schlangen

Die frühen Erzählungen aus dem Nachlaß

Herausgegeben vom Rilke-Archiv
in Zusammenarbeit mit Hella Sieber-Rilke,
besorgt durch August Stahl

Insel Verlag

© Insel Verlag Frankfurt am Main und Leipzig 2004
Alle Rechte vorbehalten, insbesondere das der Übersetzung,
des öffentlichen Vortrags sowie der Übertragung
durch Rundfunk und Fernsehen, auch einzelner Teile.
Kein Teil des Werkes darf in irgendeiner Form
(durch Fotografie, Mikrofilm oder andere Verfahren)
ohne schriftliche Genehmigung des Verlages reproduziert
oder unter Verwendung elektronischer Systeme verarbeitet,
vervielfältigt oder verbreitet werden.
Satz und Druck: Memminger MedienCentrum AG
Printed in Germany
3-458-17226-2
Erste Auflage 2004

1 2 3 4 5 6 – 09 08 07 06 05 04

DAS EINE

Die[1] Kleine war eingeschlafen. –
»Endlich« seufzte die junge, blasse Frau, die zuseiten des garnvergitterten Kinderbettchens saß. Sie faltete die Hände überm Knie und schaute starr mit den großen, grauen Augen ins gelbe Lampenlicht. Es war ganz still in der Stube. – Um so lauter tönten des schlummernden Kindes regelmäßige Athemzüge. Einschläfernd – dachte die Mutter und senkte für einen Augenblick die breiten Lider. Dann hob sie den Blick und sah im Zimmer umher. – Es war vornehm, aber nicht wohnlich, die hohen Möbel mit den massigen Füßen und verzierten Platten schienen zu neu, die Fenstervorhänge zu kostbar und reich. Alles war kalt, fremd, förmlich; und sie seufzte wieder.
Wie still es um sie war! Das Kindermädchen hatte sie ins Gesindezimmer hinabgeschickt, ihr Gemahl war noch nicht zuhause, und draußen auf der Straße regte sich nichts. Sie waren ja auch mehr denn eine Stunde von der Stadt entfernt und – was hätte ihr denn selbst die Stadt geboten? Hier im einsamen Mühlhof – so nannten die Leute die Villa des Mühlenbesitzers, die den Arbeiterhäusern genüber am Rande des grünen, schlammigen Teiches lag, – hier war es ja so ganz recht für sie.
Sie sann nach wie sie sich heraus gefreut hatte . . . . . . damals, ja damals . . . .
Das Kindermädchen trat ein.
Kurz schickte sie sie wieder weg.
Ja, sie wollte allein sein; sie wollte einmal nachdenken, nachdenken . . .
Die Magd ging.
Clara stützte das Kinn in die Hand. Ihre Gedanken flogen weit, weit zurück. Bis in die erste Kindheit. Vater, Mutter sah sie; den Vater mit den harten Zügen, den umfurchten Lippen, den tiefen von zahllosen Fältchen umgebenen, farblosen Blick; und die Mutter das gute, kleine, herzliche Wesen mit der ewig zitternden Stimme und den träumerischen tiefbraunen Augen . . . . beide – tod. Ihre Gedanken

[1] Der. Hs.

wurden trübe: sie sah den Leichenwagen und die schwarzen Männer, und spürte den dumpfig=feuchten Blumenduft und Weihrauch. – Sie schauerte. –

..... erst die Mutter, kurz darauf der alte, gebeugte, strenge Mann . . . .

Das Kind regte sich im Bettchen. Die Mutter aber vernahm es nicht. Wie funkelnde Thurmspitzen aus dem Nebel, so glänzten Ereignisse aus der Kindheit hell zu ihr herüber: der erste Christbaum. – Wie lange hatte man sie darauf vorbereitet, was ein Fest das würde! Sie war sehr fleißig in der Schule – des Christbaums wegen, sie nähte und strickte sich die kleinen Finger halb wund, und las in der Fibel, bis der Vater ärgerlich über das viele, verbrannte Öl die Lampe abdrehte. – Der Christbaum. Das war der Inhalt ihrer Tage, der Traum ihrer Nächte. Dann kams. – Aufgescheuert war die gute Stube mit dem spiegelglatten Fußboden und den steifbeinigen, ernsten Stühlen; und mitten drin das Bäumchen mit Lichtern und Süßigkeiten . . . . ja, das war eine Freude! – Aber als man sie dann nach zwei Stunden zubette brachte, da lag es ihr drückend auf ihrer kleinen Brust. Weinen hätte sie mögen. Sie fühlte, dass etwas, etwas doch dabei gefehlt hatte, – sie wusste nicht was . . . Aber eine Leere war im Herzen zurückgeblieben, – und in dieser Leere, dieser Lücke kauerte es – wie eine Enttäuschung.

Sie dachte weiter; so war es bei jedem Spiel, bei jeder Freude gewesen. Lange vorher schilderten Vater und Mutter ihr die Wonnen des bevorstehenden Ereignisses. Wie gut sie lauschte, wie das Herz ihr schlug vor seliger Erwartung. – Und endlich wars dann gekommen und hatte nur Wehmut und[1] Bitterkeit in ihr zu erregen vermocht, nach einem jähen, grellen Aufflackern von toller jubelnder Freude. –

Der Kopf schmerzte sie. Sie hob ihn langsam empor, und löste leise den Haarknoten. Dabei bemerkte sie ihr Bild dort drüben im Spiegel. Sie sah das üppige, braune Haar, die großen Augen . . . . . und da fiel ihr ein, dass *die* so ernst seien. Und sie lächelte. Aber das sah sehr müde aus. Da hatte sie einmal doch anders lächeln können. – Der Abend kam ihr in den Sinn vor ihrem ersten Balle.

Damals! »Wir bringen das Opfer, mein Kind«, hatte der Vater gesagt, »obwohl es uns nicht gar leicht fällt. – Wir bringen dir das Opfer.« – Opfer! – Und sie hatte gejubelt. Das leichte Tüllkleid mit den einfachen Blumen schien ihr wie die goldene Robe der Märchenprinzes-

---

1 in. Hs.

sin. Vor dem[1] Spiegel stand sie – stundenlang. – Der Vater schüttelte den Kopf, und die Mutter saß neben ihr und drückte von Zeit zu Zeit das Taschentuch an die verträumten Augen...
.... und sie kam weinend am nächsten Morgen nachhause. Warum? Sie konnte es nicht sagen. – Sie hatte gefallen. Schönheiten hatte sie genug gehört und alle modernen Metaphern der Bewunderung, die aus dem Großstadttreiben in die Provinz gedrungen waren, hätten ihr die Männer zu Füßen gelegt..... und sie? – Ja, sie hatte daran Freude gefunden einen – Augenblick. Später, später war es eben so, wie immer. In ihrer Seele klaffte wieder jener unausfüllbare Spalt. Es fehlte jenes – etwas. Wie hatte sie es denn immer nur als Kind genannt? – – – – das,... das... das Eine!...
Ja, das Eine, das fehlte ihr immer.....
Drei Monde hernach starben die Eltern.
Dann, – dann, sie wusste nicht recht mehr was dann war?
Ja, dann hielt er um sie beim Oheim an, der August; der reiche Mühlenbesitzer um die arme Waise.
»Sie hat Glück« murmelten die Leute und schüttelten die Köpfe.
So ward sie Braut. Dann kam die Hochzeit.
Jetzt wird es sich erfüllen – das Eine. So hatte sie damals geträumt. Aber vor dem Altar spürte sie Weihrauch und Blumenduft, und es fiel ihr nichts anderes ein, als das Begräbnis ihrer Eltern...... Fünf Minuten später hatte sie »ja« gesagt. Sie war Augusts Weib. –
Hochzeitsmahl: Lachende Menschen, Gläserklirren, Toaste – und was wusste sie was dann... Sie zog sich bald zurück.
Er folgte ihr – ihr Mann.
Der Thürvorhang rauschte zu. Sie waren allein.
Eine Sekunde war ihr, als müsste jetzt ein grenzenloses Glück aufblühen, als müsste jetzt das Eine......
Da streifte sein Athem ihr Gesicht; sie fühlte den ekelhaften Dunst von Bier und Wein, sie erschrak vor dem thierischen Blick seiner glänzenden Augen...
Dann war das Kind ihre ganze Hoffnung. – Wenn das auf der Welt sein würde, dann würde sie ein Wesen haben in dem sie aufgehen und leben könnte... ja, das ist – was ihr fehlte – dachte sie. –
Das Kind kam. Mit ihm Schmerzen und Umständlichkeiten. Dann das Geschrei und Augusts lächerliche Zärtlichkeiten. – Und jetzt lachte sie wirklich.

1 den. Hs.

Darüber fuhr sie aus ihren Träumen.
Sie schaute umher.
Das Kind hatte sich abgedeckt.
Sie aber rührte sich nicht. –
Da polterte etwas. Ein Wagen donnerte unten in den Flur.
Ein Gedanke durchfuhr sie: August! – Jetzt wird er wieder kommen mit seinen verschwommenen Augen, seiner weintrunkenen Heiterkeit. Aus dem kaufmännischen Casino, wie er sagte. – Wird sie umarmen, küssen und abgeschmackte Witze wiederkäuen. – Es ekelte sie aufeinmal. Sie sprang auf, versperrte die Thür und lauschte. – Ja, jetzt kam er. Sie kannte diese Schritte. Jäh drückte er die Klinke herab, pochte dann; noch einmal; rief sie beim Namen. Dann hörte sie ihn fluchen. – Einen Augenblick wartete er noch. Dann schritt er pfeifend durch das Zimmer, und endlich vernahm sie, wie er schwerfällig die Treppe hinabstieg. Er mochte denken, sie sei eingeschlafen und begab sich in sein Zimmer zu Ruhe.
Sie athmete auf. Die Kehle war ihr trocken. Sie setzte sich wieder auf den Stuhl am Bettrande. Sie hörte, wie im Hofe die Pferde ausgespannt werden. Rohes Schreien, dann Weiberstimmen. – Kichern. – Sie sah nach der Uhr. – Es ging auf 11. So. Jetzt also wieder diese Nacht, und – was dann?
Dann wird es wieder Morgen werden. Sie wird auf das Mädchen läuten. Das Kind waschen und anziehen lassen. Zum Frühstück hinabgehen. Den Haushalt besorgen, dann zum Fenster hinaussehen auf das breite Fabriksdach und den grünen, tiefen Teich; und drüben werden Maschinen ächzen und Menschen schreien wie immer. So nicht nur morgen, so übermorgen, – und alle Tage fort – immer.... Ihr schwindelte. Sie schloss die Augen. Sie fühlte diese Unendlichkeit. Grau war sie. Grau wie ein umgeackertes, weites Feld, auf dem der Herbstnebel liegt.
Das Kind sprach etwas im Schlafe. Jetzt fuhr es auf. »Mama, Mama!« Clara erhob sich. »Schlaf!« sagte sie kurz.
Sie bemerkte nicht die kleinen Händchen, die sich ihr entgegenstreckten. Die Kleine begann zu weinen.
Die Mutter aber war ans Fenster getreten. Sie schaute in die graue, müde Nacht hinaus. Da lag der Teich stumm und glanzlos; und die Weiden am Ufer waren sehr schwarz. Sie begriff gar nicht, wie etwas so schwarz sein könne...
Das Weinen des Kindes wurde schwächer und löste sich allmählich

wieder in regelmäßige Athemzüge auf. Clara sah noch immer hinaus. —
Sollte sie jetzt schlafen gehen?
Eigentlich sehnte sie sich zu schlafen – so recht süß und lange . . . .
Vielleicht ist der Schlaf das – Eine? . .
Und sie schritt im Zimmer auf und ab. Ihr fröstelte. An der Thür blieb sie stehen und horchte. Es war alles still. Sie schloss behutsam auf. Auf der Schwelle schaute sie sich um – ängstlich und scheu.
Dann lief sie hastig durch den Vorraum zur Treppe.
Fern bellte ein Hund.
Sie schrak zusammen und – wartete. – Nichts. –
Jetzt tappte sie unwillkürlich die dunkle Treppe hinab – leise, leise . . .
Wie dunkel das war!
Aber auf einmal musste sie lächeln.
Jetzt wusste sie, was das Eine war – das Eine . . .

—

                   Und sie ging in den Mühlteich. ——

                   Ende. —

DER RATH HORN

Hatte einen alten Großoheim. Der wusste wunderlich zu erzählen. Wenn ich bei ihm saß in seiner hohen, wohlgescheuerten Stube, wo die steifbeinigen Rundstühle so gemüthlich um den großen glattgebohnten Tisch standen, und mächtige Bücherreihen so ernst von den Wänden niederschauten, da ermüdete er nicht zu erzählen und zu plaudern. Oft waren es schnurrige tolle Erlebnisse mit unmöglichen Situationen, öfter aber noch gar unheimliche spukhafte[1] Geschichten, die der Ohm mit so geheimnisvoller Stimme kundthat, dass mir, dem lauschenden Jungen, ein kalter Schauer über den Rücken rieselte und ich mich gar nicht umzusehen traute in dem dämmerigen weiten Zimmer. Mehr aber noch als alle diese Geisterlebnisse hat mich immer eine Geschichte interessiert und ergriffen. Oft und oft musste mir der alte Herr dieselbe wiedererzählen. – Ich weiß sie heute noch, und will sie ganz in der Art, wie er sie darzustellen pflegte, wiedergeben:

War ein Bub' noch ein dummer Dreikäsehoch und Naseweis. Da lebte in unserer Stadt ein alter Herr. Täglich konnte man ihn sehen. Um die dritte Stunde des Nachmittags begann er immer seinen Spaziergang unter den Lauben des Ringplatzes. Er trug einen verschossen langgeschößelten Rock mit sehr hohem Kragen und eine schwarze steife Halsbinde. Den Hut hatte er tief in die Stirne gedrückt; die linke Hand ließ er stetig am Rücken ruhen, während die Rechte krampfhaft ein gelbes Rohr hielt, dessen goldenen Knopf er beständig an die dünnen Lippen presste. Er schien Niemanden zu bemerken und erwiderte selten die Grüße, die ihm allenthalben dargebracht wurden. Die ihm begegneten, raunten einander zu: der Rath Horn, – der Rath Horn.
Das war aber auch Alles, was sie von ihm wussten – höchstens noch, dass er draußen am Ende des Städtchens in einem einsamen grauen Häuschen wohnte und dass eine Matrone, die ebenfalls ewig unverändert aussah, ihm die Wirtschaft führte. Seit Menschengedenken lebte er in M . . . . . – Wo er sich den Titel Rath erworben und als Mitglied welcher Körperschaft er ihn führte – konnte niemand angeben. – Man

---

1 spuckhafte. Hs.

munkelte allerlei von Verrücktheit.... aber das war ja Unsinn. Kurz er war einfach der Rath Horn, Kaspar Horn. –
Wir Burschen begegneten ihm täglich; wir verließen gerade die Schule, wenn er seinen täglichen Gang abhaspelte. Ich zählte etwa 16 Jahre und meine Genossen wenig darüber oder darunter. Aber sie waren alle rechte Kinder! Sie standen nicht ab, den stillen alten Mann durch Lächerlichkeiten und dumme Hohnworte zu kränken. Anfangs war auch ich dabei. Nach und nach aber flößte mir das Wesen des Rathes eine so ehrfurchtsvolle Scheu ein, dass ich, wenn ich seiner gewahr wurde, mich von den Gefährten trennte, an der Straßenecke stehen blieb, und wenn jener vorüber schritt, eiligst und tief meine Mütze zog. Natürlich sah mich Herr Horn meistens nicht. Eines Nachmittages aber, als ich meinen Gruß besonders auffallend wiederholte, wandte er mir wie erschrocken den Kopf zu, senkte ein wenig sein Rohr zum Danke und ging wieder seines Weges. Ich aber war stolz und glücklich. – Ein Schwärmer, wie ich damals war, das Herz voller Spukgeschichten[1] und Abenteuerlust, fand bald so viel Gefallen an dieser sonderbaren Persönlichkeit, dass ich mit einer über mein Alter hinausgehenden Entschlossenheit mir vornahm, dem Rathe zu folgen und nicht zu ruhen, bis ich etwas mehr über sein Leben und Schicksal wüsste. Dass das eigentlich eine Vermessenheit sei und überdies nicht gar leicht, fiel mir nicht bei.
Plan ward That. Tag für Tag schritt ich hinter dem alten Herren einher. Immer hoffte ich und fürchtete zugleich, er würde sich umsehen, mich erblicken und ausfragen. Nichts dergleichen jedoch geschah. Der Rath ging in derselben Weise wie auf dem Ringe, den Stock an den Lippen, fort, vor seinem Hause blieb er plötzlich stehen, öffnete die kleine Türe, schlüpfte durch einen Spalt hinein – und im nächsten Augenblicke hörte ich, wie der Schlüssel sich im Schloss stöhnend umwälzte. Krach! Und ich stand vor der verschlossenen Türe.
Schon verzweifelte ich trotz all meiner jugendlichen Hoffnungsfreudigkeit an meinem Unternehmen, als ein günstiger Zufall mir unerwartet zu Hilfe kam.
Es war ein schlimmer Herbsttag. Die Luft war grau, der Gangsteig glänzte und der Wind peitschte einen dünnen Sprühregen her und hin. Herr Horn kam wie immer. Ich folgte ihm nach, wie immer. Schon war er nah seinem Hause, und ich überlegte halb trotzig, halb

---

1 Spuckgeschichten. Hs.

missmutig, dass dies das letzte Mal gewesen sein sollte, dass ich diesen aussichtslosen Spaziergang unternommen hätte.
Da fühlte ich einen jähen Windstoß, – und im nächsten Augenblick kollerte etwas Schwarzes mit wirbelndem Ungestüm an mir vorbei. Ich blickte auf. Rath Horn stand kaum zwei Schritte vor mir – ohne Hut in arger Verzweifelung. Der Sturm hatte ihm den alten Cylinder geraubt. – Ich war schnell entschlossen hinterher auf der Jagd. Lang musste ich laufen, die ganze Allee zurück – bis endlich der Flüchtling heftig an einen Baum anrollte und so den bedeutenden Vorsprung, den er erlangt hatte – rasch einbüßte.
Mit fliegendem Athem, hochrothen Wangen, voll Hast und Freude rannte ich zurück zu dem alten Herrn. Dieser nahm seinen Hut ganz wie wenn das alles selbstverständlich wäre in Empfang, stülpte ihn, ihn vorn und hinten drückend, auf sein graues Haar, strich mir leise mit der Hand über das Gesicht, sagte mit weicher Stimme: »Danke, mein gutes Kind!« machte kehrt und schritt den Stock an die Lippen haltend seinem Heim zu. –
Ich zitterte vor Wuth und Enttäuschung. – Ich lief nachhaus und weiß noch, dass ich einen großen Teil der Nacht in mein Kissen weinte, bis mich die Ermattung übermannte. So sehr es mich auch am kommenden Nachmittage wieder hinauslockte, ich blieb standhaft und folgte dem Undankbaren nicht. –
Etwa 3 Tage waren darüber gegangen. Da ging ich eines Tages ganz in Gedanken von unserer Lateinschule heim, – und als ich an einer Ecke aufblickte, wer stand – vor mir? – Rath Horn. –
Ehe ich noch recht wusste, was ich tun sollte, sagte er leise und legte mir dabei die Hand auf die Schulter:
»Ich habe mich erkundigt, – du bist ein braves Kind – komm! –«
Ich folgte. Das Herz schlug mir laut vor Freude und Furcht.
Auf dem Wege sprachen wir kein Wort.
Wir betraten schweigend sein Haus.
Mein Schritt gellte so laut auf den rothen Ziegelfliesen des Flures, dass ich zusammenzuckte. – Der Vorraum, in den wir jetzt kamen, war dunkel. Große schwere Kästen hoben sich in ungewissen Umrissen von der grauen Wand ab und warfen riesige schwarze Schatten. Umso freundlicher war das Stübchen, das wir jetzt betraten. – Blumen standen auf dem breiten Fensterbrett. Hart davor ein kleines Tischchen. Dann ringsum Schränke mit Büchern, verstaubte Stahlstiche hinter glatten Gläsern und hohe Stöße von Schriften und Zeitungen auf den

blendend weißen Dielen. – Der Rath ließ mich setzen. Mit Staunen ward ich gewahr, dass in dieser Umgebung sein mürrisch ernstes Wesen verändert sei. Sein Auge ward hell und beweglich, seine Stimme rein und anheimelnd. Ich musste ihm erzählen, das und dies; und ich plauderte dann auch tüchtig drauf los; die Erfüllung dieses schon fast aufgegebenen Wunsches versetzte mich in die heiterste Laune und löste mir die Zunge.

Das schien ihm zu gefallen. Er rückte näher an mich heran, klopfte mir gar lieb auf die Wange und brachte mir schöne Bilder zum ansehen und auch einen Teller süßer Naschereien. Beglückt und enttäuscht zugleich schied ich nach vier Stunden von ihm. Beglückt durch diese entzückende wohlwollende Freundlichkeit – aber enttäuscht durch das heitere und offene Wesen des Mannes, in dessen Innern mein abenteuerlustiger Sinn furchtbare, dunkle Geheimnisse vermutet hatte.

Meine Besuche wurden immer häufiger. Schließlich suchte ich jede Woche dreimal meinen lieben Gönner auf; seine alte Dienerin sah ich nie. Wir saßen immer allein beisammen in derselben Stube und sprachen über gar Manches. Er fand mich sehr verständig für mein Alter und sagte mir dies unverhohlen heraus. Aber so schlau ich es auch anstellte, so leise und behutsam ich darauf hinlenkte, Näheres über das Schicksal, das ihn so menschenfeindlich gemacht, zu erfahren – mein Bemühen blieb erfolglos. So oft er ein derartiges Bestreben bemerkte, brach er jäh ab, nahm ein Buch vor, oder füllte mir den Mund so mit Süßigkeiten, dass ich notwendig schweigen musste.

Herbst und Winter waren also vergangen. Der Frühling sandte seine ersten Boten über Land, und die Bäume vor des Rathes Fenstern begannen kleine grüne Knöspchen zu treiben. – Ich wiederholte nach wie vor meine Besuche, und es war mir immer mehr offenbar geworden, dass mein väterlicher Freund über ganz bedeutende Kenntnisse verfügte, da er meiner frischen Schulweisheit, die ich mit dem Stolz eines vorzüglichen Lateinschülers auskramte, stets eine durch männliche Erfahrung gefestigte, stattliche Ansicht gegenüberstellte. – Einmal, als die junge sieghafte Sonne besonders hell durch die schneeweißen Gardinen guckte, legte mir der Rath wieder die Hand auf die Schulter – und sagte zögernd:

»Nun, – und was möchtest denn du werden, Paul?«

Ich überlegte nicht lange.

Ich hatte mich in der Lateinstunde gerade an Horatius' herrlichen Oden begeistert und rief daher lachend:

»Ein Dichter möcht' ich werden, – ein Dichter – wie Horatius wie ...«

Das Wort erstarb mir auf den Lippen.

Ich erkannte den alten Mann vor mir kaum wieder.

Sein Antlitz war aschfahl geworden, seine Lippen zuckten und in seinen Augen tauchte tief ein namenloser Schmerz auf. Er zog seine Hand, die ich beben fühlte, rasch zurück und strich sich ein paarmal über die bleiche Stirne. –

Mir lief es kalt durch die Glieder.

Ich wäre am liebsten aufgesprungen und davon geeilt.

Aber ich wusste auch, jetzt stünde ich dicht vor der Stelle, wo das Geheimnis, dem ich nachzuspüren gewagt hatte, vergraben lag.

So blieb ich denn. In den Gliedern glaubte ich Bleischwere zu empfinden. Ich starrte den Rath unverwandt an.

Wie er jetzt matt die zitternde Hand von der Stirne gleiten ließ, erschrak ich, wie greisenhaft diese Züge in den wenigen Minuten geworden waren. – Herr Horn sah so aus, wie ich mir einen Toten – (gesehen hatte ich noch keinen) vorstellte. Die Augen waren irr und blickten ziellos in die Weite, die Wangen schienen eingefallen und unter dem Jochbein kauerten graue Schatten. Er schwieg.

Ich regte mich nicht.

Mählich nur schien wieder Leben in ihn zu kommen.

Er setzte sich mühsam zu recht und sagte dann sehr leise:

»Ich weiß, du hast mich gern. Du sollst es wissen, was bisher niemand erfahren hat.«

Und hastig, als fürchtete er in seinem Entschlusse wankend zu werden, fuhr der Rath fort:

»Ich war auf der Lateinschule – wie du. Begeistert von den alten Dichtern, war dein Wunsch – der meine! Dichter zu werden. Und das Schicksal war mir hold. Ich schrieb Lieder, die gelobt und gesungen wurden; und als ich auf der Universität von Halle meinen Doctor machte, setzte man große Hoffnungen auf mich. Das erste Werk, das ich veröffentlicht hatte, – kleine Geschichten warens – fand Beifall – und mein Glück schien fast zu groß werden zu wollen, als ich in Leipzig, nachdem ich eine bedeutendere Stellung errungen hatte, ein schönes blühendes Mädchen kennen lernte – und sie zu meiner Braut machen durfte. Ich war selig. – Aber der Götter Neid überraschte mich jäh in meinem Jubel. Meine Irmgard fiel einer tückischen Krankheit zum Opfer, kurz vor unserer Vermählung, und mir blieb

nichts als die Erinnerung an den süßen, kurzen Liebestraum. Man fürchtete damals für meinen Verstand. – Mit Gewalt riss man mich weg von der blumenbelasteten Truhe, in der das Licht meines Lebens für ewig versenkt war. – Ich floh aus Leipzig fort, weil dort überall die Erinnerung klebte und wohnte in einem einsamen Häuschen hoch im Gebirge. Der wütende wogende Schmerz ebbte allmählich, und es blieb jene stumme Wehmut zurück, aus der die Bilder der Vergangenheit hold und verklärt auftauchen, wie segnende Wassergeister dem schweigenden Waldsee in duftschwülen Sommernächten entschweben . . . .«
Er stützte das Haupt in die Hand und ließ die letzten Worte langsam und träumerisch verklingen.
Dann sprach er weiter:
»So lebte ich – einsam und still. Aber in dieser Einsamkeit ward ein großer Gedanke wach in meiner Brust:
Ich wollte Irmgarden ein ewig unvergängliches Denkmal setzen – in einem Dichtungswerke in einer gigantischen Riesenschöpfung. Die Welt sollte staunen und beben vor diesem Werke, beben vor heiliger Ehrfurcht und banger Bewunderung.
Feuereifer beseelte mich.
Tag und Nacht schrieb ich.
Die Begeisterung riss mich fort. Ich fühlte, was ich leistete, war übermenschlich, war unsterblich. – Ich erschrak selbst vor dem Feuer, das meinen Worten entlohte und das zünden musste – zünden – und einen Brand entfachen, einen namenlosen Brand, der über die ganze Welt hinzüngelte und Alles einäschern sollte, was niedrig, was gemein und elend ist! O, ich fühlte Kraft in mir. Kraft, Hünenkraft, die Achse[1] der Welt zu fassen, sie still zu zwingen, zu zwingen . . .«
Sein Wort ging pfeifend aus.
Seine Wangen waren roth geworden, er rang nach Athem.
Erschöpft fiel er im Lehnstuhl zurück.
Dann begann er tonlos und matt:
»Ich *hab's* vollbracht. – Sieben Jahre hindurch habe ich in der Einsamkeit der Hütte emsig und im Feuer einer tödlichen Begeisterung geschaffen. Das Werk war ungeheuerlich geworden. Eine wuchtige Keule für alles Schlechte. Da war mehr drin als Menschenkraft . . . .
Es war Frühjahr. Just wie heute. Ich hatte den letzten Strich ge-

---

1 Axe. Hs.

macht. Ich fühlte keine Mattigkeit, wenn auch meine Augen verschwollen waren und meine Rechte starr. Ich kniete hin und küsste mein Werk. Ich betete zu meinem Werke; denn ich wusste, dass es göttlich war.
Dann nahm ich Hut und Mantel. Zum ersten Male seit Jahren wollte ich wieder weiter feldein streifen, mich stärken und erfrischen. Und welchen Genuss hauchte diese blaue Lenzluft in meine Seele; tief sog ich sie ein, und es kam über mich wie ein wonniger, tröstender Traum. Das Eis des Kummers, das meine Gefühle seit dem Tode der Geliebten gebannt hatte, schmolz – und ein seliges, unbeschreibliches Empfinden glutete in mir. Ich jauchzte wie ein Kind, folgte den Faltern, pflückte Blüten und schaute den sprudelnden Quellen zu, die talwärts sprangen. So leicht war mir der Fuß, so frei der Blick, wie ich es nie noch empfunden zu haben vermeinte. Stundenlang strich ich waldein – und als ich umkehrte, lag schon die Weihe des Abends auf den wogenden Feldern ...«
Der Rath schwieg wieder und senkte das Haupt. Plötzlich sah er auf – er packte mich jäh bei der Schulter.
»Ich komme zurück, meine Hütte – brennt!« Er schrie diese Worte, dass ich zitterte. ».. brennt!..« wiederholte jener, als sähe er eben noch das Entsetzliche vor seinen Augen.
»Hineinstürzen, retten! ... Trümmer, Fetzen, Balken .... nichts, nichts.« Thränen erstickten ihm die Stimme. Er schlug die Hände vors Gesicht und brach in ein wildes, schluchzendes Weinen aus.
Mir schnürte es das Herz zusammen.
»Herr Horn, Herr Horn« – stammelte ich – Onkel, wie ich ihm sonst sagte, getraute ich mich nicht ihn in diesem Augenblicke zu nennen, – »Gott – – und Sie haben nicht wieder aufgeschrieben? ...«
Ich bereute diese Frage.
Er sah auf: –
»Den Inhalt Ihres Werkes? ...«
Sein Auge war groß und glanzlos, seine Züge waren hart und verzerrt, als er murmelte: »Ich weiß nicht, was es enthielt ..... ich weiß nicht!«
Fassungslos und fragend schaute ich dem armen Mann in die Augen.
»Nein« – ächzte er – »nein, der Schrecken, der plötzlich, – alle Erinnerung ist fort ... Alles .... Tag und Nacht sinne ich ... Tag und Nacht. Dort siehst du, Paul«, – er wurde ruhiger – »dort auf dem kleinen

Tischchen liegt immer Papier und Feder – und oft erfasst es mich, als müsste jetzt alles wieder auftauchen.... Nein, nein – nie mehr«, und er lachte, dass ich zusammenschrak.
Er aber füllte mir die Taschen mit Naschereien und schickte mich fort. Ich ging ungern; ich hätte ihn so gerne trösten mögen – aber wie? Auf dem Flur zögerte ich eine Secunde. – Da, da vernahm ich durch die Türe wieder jenes schluchzende, herztötende Weinen und von plötzlicher Furcht ergriffen eilte ich aus dem grauen Hause und drückte die Thüre fest hinter mir zu. Das Weinen aber vernahm ich die kommenden Nächte oft im Schlafe, und ich legte mich dann immer rasch auf die andere Seite. Es war so entsetzlich.
In dem Verkehre mit meinem alten Freunde änderte sich dagegen nichts. Er war wieder der lächelnde, gutmütige, freundliche Mann. Nie sprachen wir von der Vergangenheit. Ich scheute es, eine Wunde zu berühren, für die ich ja doch keinen Balsam wusste, und er dankte mir diese zarte Rücksicht mit reichlichen Aufmerksamkeiten und Wohlthaten. Ich hatte ihn sehr lieb gewonnen, den Rath; und ich war ihm doppelt zugetan, weil zu dem Gefühle der Sympathie sich noch der Stolz gesellte, der einzige Vertraute seines schrecklichen Schmerzes zu sein.
Es war im Herbst. – Ich betrat wieder das gewohnte düstere Häuschen, und erschrak heftig, als mir diesmal nicht wie sonst Herr Horn, sondern die alte Dienerin öffnete. – Er sei ein wenig unwohl, brummte sie auf meine Frage. Sie war mir nicht besonders hold, weil ein großer Theil der Gunst, die sie früher allein genießen durfte, auf mich übergegangen war.
Der Rath lag zu Bette und sah recht bleich aus.
Er versuchte zu lächeln.
Es gelang ihm schlecht. Er klagte über heftige Schmerzen in allen Gliedern. Der Arzt schüttelte den Kopf.
Tage gingen hin. Es trat keine Besserung ein. Ich erschien pünktlich täglich um 4 Uhr nachmittags, saß an seinem Bette, las ihm vor oder erzählte Geschichten, die drolligsten, die ich wusste, um ihn zum Lachen zu bringen. – Das gelang freilich selten.
Eines Nachmittages aber, als ich ihn aufsuchte, lehnte er aufrecht in den Kissen und schien viel frischer. Er scherzte wohl auch; und als ich ihn des Abends verließ, hatte ich die Überzeugung, dass mein guter Gönner sicher bald genesen würde.
Herbe Täuschung! Am nächsten Morgen war ich eben auf dem Wege

zur Schule, als ich die alte Wirtschafterin des Rathes scheinbar aufgeregt daher trippeln sah.
Mir ahnte Böses.
Lang stammelte das Weib Unverständliches unter ewigem Schluchzen und Schlucken – endlich brachte sie es hervor:
»Jesus Maria, – er stirbt.«...
Ich stürmte hinauf.
Der Doctor saß mit sehr ernstem Gesicht am Bettfuße. Er winkte mir zu, leise zu gehen. Ich machte ihm ein Zeichen mit den Augen, er wippte kaum merklich die Schultern.
Ich war trostlos. Kaum wagte ich zu atmen.
In bebender Spannung betrachtete ich das abgezehrte Gesicht in den weißen Kissen – diese faltigen Hände, die nur hie und da leise zuckten...
Da – plötzlich setzte sich der Rath rasch in den Kissen auf. Sein Auge glühte – seine Lippen bebten...
»Ich weiß es« – jubelte er.
Und ehe es der Arzt hindern konnte, sprang er mit jugendlichem Ungestüm aus den Decken und stürzte zu dem Tischchen, wo die weißen Bogen lagen.
Wir, starr vor Staunen, folgten nicht so gleich.
Ein leises Röcheln machte uns beben.
Wir sprangen herzu.
Der Rath lehnte weit zurückgeneigt mit geschlossenen Augen im Armstuhl. Auf seinen Zügen glänzte ein glückseliges Lächeln, die Hand hing schlaff herab, die Feder war ihr entfallen.
Der Arzt beugte sich über den Greis.
Er horchte. Ich kniete zur Seite.
Der Doctor seufzte auf. Dann sagte er leise: »Amen«.
Auf dem weißen Bogen aber war der Anfang eines Buchstabens verzerrt und unkenntlich und dann ein verlaufender harter Strich quer über die ganze Fläche. –

Damit schloss mein Ohm und fuhr sich mit dem Taschentuch über die Stirne. –
Mir aber standen die Thränen in den Augen.

Das war die Geschichte vom Rath Horn.

DER DREIKLANG

Alle Welt hatte den Kopf geschüttelt damals als Dr. M . . . . . die achtzehnjährige Baronesse zum Weibe genommen. – »Thut nicht gut« hatten kluge Leute gemunkelt. Er an die sechzig und – sie? . . . .
Ob sie damals Recht hatten, diese Klugen?
Lange sprach niemand mehr darüber. Die Vermählung des greisen Schriftstellers ward vollzogen und die bösen Zungen kamen umso früher zu Ruhe, zumal sich M . . . . . mit seiner Adda aus dem Bannkreise der lästigen Beobachtung auf ein kleines Landgut zurückgezogen hatte.
Heute war sein Name wieder in Aller Munde. Ein neues Stück M's. sollte abends im Residenztheater über die Bretter gehen. Große Anzeigen leuchteten an den Ecken. Der Name des Autors hatte guten Klang, und das Haus versprach übervoll zu werden.
Die Klügsten der Klugen aber standen schon am Vormittage an den Ecken beisammen und riethen her und hin, was man nach dem Titel von dem Drama zu erwarten hätte. Der war sonderbar genug:
»Der Dreiklang«
stand in ungeheuren schwarzen Lettern über dem Personenverzeichnisse. Und erst die Personen! Er, sie, ein Hausfreund . . . .
Ja, die Klugen sind halt überaus scharfsichtig.

Zweiter Act, dritte Scene:
Der Gatte: . . . . und du liebst ihn, Irma?
Sie: (Gattin):   offen – ja!
Er: Gut, dass du so offen bist.
Sie: Du verdienst es; belügen werde ich dich nie!
Er: Diese Wahrheit schmerzt. Freilich – ich hätte bedenken sollen, als ich dich heiratete: du bist jung und – ich . . . .
Sie: Nicht doch. – Du handeltest damals ganz recht. Ich will mich nicht von dir lossagen; ich vermöchte es nicht; – denn . . . . denn . .
    ich (zögernd) ich schätze – dich.
Er: Mein Kind . . . .

Sie: Du sagtest mir oft: Ich könnte nicht ohne Dich sein, Irma; du verstehst mich; du bist mir geistig ebenbürtig.
Er: Du *bist* es
Sie: Wohl – nun höre: Lass mich geistig dein Weib sein – geistig – begreifst du? – – – und meinen Leib ......
Er: (entsetzt) Irma!
Sie: Was erschrickst du? Ich gebe Dir mein besseres Theil.
Er: (bebend) Irma!
Sie: (ohne aufzuhorchen) Den Geist, das Göttliche, Ewige Dir, Mann, Dir!
Er: (zögernd) und jenem?
Sie: Die sündige, eitle Lust, der der Ekel folgt auf den Fersen ...
Er: Mir schaudert vor dir.
Sie: (Näher tretend) Freund, mein Gedanke ist groß. Wie viel Elend, wie viel geheimer Frevel würde aus der Welt schwinden, wenn alle ihn zu denken imstande wären.
Er: Nein, Weib, du sprichst im Wahn – (steigernd) entweder bist du mein mit Leib und Seele mein, – (schreiend) mein! .....
Sie: (kalt) Bezähme Dich!
Er: Aber ...
Sie: Ich hielt Dich für größer. So bist auch du, du den Europa zu den Leuchten des Wissens zählt, von dieser läppischen Kleinlichkeit befangen, die Geist und Körper immer auf einen Rahmen spannt? Dass ich dir doch die Augen öffnen könnte!
Er: (sieht sie starr an)
Sie: Ha, ich sehe du fühlst die gigantische Wucht meines Riesenplanes.
Er: (macht eine Gegenbewegung)
Sie: Ich weiß was du sagen willst. Dies Verhältnis ist gegen die Natur. Nichtwahr, das schwebte Dir auf den Lippen?
Wie kurzsichtig du bist! Thor bei all deiner Weisheit. Blick hinaus! Dem einen Strauche hat die Natur bloß Blüten gegeben, holde, keusche, duftige Triebe; – bei anderen fallen die Blumenblättchen bald ab und es drängt die brutale, sinnliche Frucht hervor. – Ist es im Leben anders? Den Einen, den großen, ewig=keuschen Kindern, den Künstlern, sollen nur Blüten zu eigen sein. Geistige Keime nur, unsterbliche Triebe sollen in ihrer reinen Seele entstehen und sich emporheben in ein sonniges, seliges Dasein. Dem thierischen Gezücht aber, dem kommt die Frucht zu, die gemeine berauschende

Frucht. Kind du! Mit den großen, träumerischen Augen, in denen tausend Ideale schimmern – weißhaariges Kind, du erträgst ihn ja gar nicht den zerstörenden, wüthenden Brand der sinnlichen Liebe.

Er: (nachdenklich) Vielleicht . . . . aber warum kannst du, die du mir ebenbürtig bist im Geiste nicht auch wie ich so . . . so . . .

Sie: So geistig – willst du sagen – ausharren? Warum? Weil das Weib ein Doppelwesen ist von Natur göttlich und hündisch zugleich. – Unsere Seele bleibt rein, wenn die süße Begierde im Feuer der Sünde schmilzt, und das grässliche Gift der berückenden Lust besudelt nicht den Geist des schwachen, bebenden Weibes. Zu geilem Genuss hat die Natur uns gemacht, aber die eigene Kraft verlieh uns die bessere Seele.

Das Weib ist ein Buch, Bibelsprüche stehen drin, aber der Einband ist mit den Farben der Sünde bemalt. Hast du denn in keinem der tausend Bücher die du gelesen und wieder gelesen Aufklärung gefunden über dieses Doppelding, dieses Zwitterwesen?

Er: Wenn dem so wäre?

Sie: Zweifelst du noch? Es ist so. – <u>Mein Geist</u> haftet an <u>Deinem</u>, ein unsichtbares Moospflänzchen am riesigen Stamme, mein <u>Leib</u>, mein vergängliches Leben an jenem jungen, glutäugigen Tollkopf.

Er: Aber Irma – ich liebe Dich . . .

Sie: . . . und weil du mich liebst, musst du mich begreifen.

Er: . . . Gott!

Sie: Denn weil du mich liebst, darfst du mich nicht tödten, – und du tödtest mich – wenn . . . .

Er: (kleinlaut) Aber geistig, geistig bist du – mein!

Sie: (mit Pathos) Immer! – So bist du gut, so erkenn ich den Weisen, der erhaben steht über dieser verblendeten Welt! Dank! Das wird ein göttliches Dasein! Du, er, ich – zwischen euch beiden – dein und ihm gehörig an der Schwelle zweier Welten: hier Licht, dort Dunkel; hier Weisheit, dort Verblendung! – Du – Halbgott! – ich und jener ein unbeschreiblicher Bund. Alle Triebe, die das Leben durchpulsen feindlich und zürnend – in uns versöhnt in einem weltendurchtönenden, dröhnenden, herrlichen Dreiklang! . . . .

Applaus, Applaus, Applaus! –

»Neu, herrlich, kraftvoll . . . .« allgemeines Urthe⟨i⟩l.
Die Klugen aber munkelten in den Couloirs: »Sonderbar, sonderbar dieses Stück!«
»Und hast du gesehen« – flüsterte ein junger Mann laut genug – wie bleich M. . . . . war, wie greisenhaft; wie leer und glanzlos seine Augen. Adda dagegen das reine Leben. Sie kümmerte sich wenig um ihn, aber sie sprach unablässig nach rückwärts – und lachte.« Im Hintergrunde der Loge war ein junger Mann gesessen. Niemand kannte ihn.
»Sonderbar, sonderbar.«
Und die Gruppen lösten sich.

Am nächsten Morgen brachten die Tagesblätter lange Besprechungen über M's Drama. Auf der letzten Seite des Hauptblattes aber war in gesperrten Lettern zu lesen:
»Wie uns eben von S. telephoniert wird, ist der große M. heute nachts einem Schlaganfalle erlegen. Diese jähe Trauerkunde wird allenthalben Schrecken und Theilnahme hervorrufen. Die Ärzte, welche nurmehr den Tod des greisen Meisters constatieren konnte⟨n⟩, meinten, dass gerade die freudige Erregung des gestrigen Abends dem Verewigten gefährlich geworden. Wie wir vernehmen blieb M. . . . . nach der Vorstellung noch im Kreise seiner Familie bis gegen Mitternacht und sprach freudig über den Erfolg seines Werkes; wer hätte geahnt, dass es sein letztes sein werde – »Der Dreiklang«. –

Ende.

WAS TOBEN DIE HEIDEN? ...

(Psalm II.)

Die frühe Dämmerung des Märzabends lastete auf den Straßen der Vorstadt. Das kalte, graue Zwielicht ließ die schmutzigen Façaden der hohen Wohnkasernen noch widerlicher erscheinen, und hie und da beleuchtete schon eine trübe Laterne den kothigen Gangsteig. Aus den Gewölben der Krämer, die ihre Waren unordentlich vor der Thüre ihres Ladens aufgestellt oder aufgehangen hatten, stieg ein feuchter dumpfiger Geruch, der vor jedem Verkaufsraum – je nach der Art der feilgebotenen Dinge wechselte oder in einen anderen zerfloss. – Halbnackte Kinder spielten in schmutzigen, zerfetzten Hemden vor den Hausthüren, und schleppten an Schnüren unförmige Holzstücke hinter sich her, die die Rolle von Pferdchen vertreten mussten, während die etwas älteren Buben den keilspitzen Kreisel mit kleinen Peitschen unter ekelhaftem Geschrei bis in die Mitte der Straße schleuderten. Mitten dazwischen fuhren schwere Lastwagen, mit Eisenschienen beladen, mit zwei Paar elenden Pferden bespannt, rollten müde Droschken dahin, – und hie und da wand sich der protzenhafte Privatwagen eines Emporkömmlings durch, der von seiner Farbrik in die behagliche Stadtwohnung zurückkehrte. Das Rasseln und Dröhnen der Fahrzeuge, das Johlen der Fuhrleute übertönten sehr dumpfe Schläge vom Thurme der Marienkirche. – Und jetzt erklangen von allen Seiten in schrillem Misston die gellenden Farbrikspfeifen, welche den Feierabend verkündeten. Von allen Seiten drängte es jetzt heraus aus den schwarzen Thoren, wo die langen russigen Gänge, aus den rückwärtsliegenden Arbeitshäusern mündeten. Da quoll es hervor, jenes arme, enterbte Geschlecht, dessen dunkles Dasein zwischen Elend und Gemeinheit sich fortquält. Männer, Weiber, halbwüchsige Knaben und Dirnen in den leeren Augen und den auf schwülstigen Lippen den Ausdruck stumpfer Brutalität, unbewussten, geduldigen Elends. Nur auf mancher Männerlippe der höhnische Trotz – halb erloschen – hoffnungslos. – Die Burschen mit den schwarzen Gesichtern mischten sich unter die Dirnen, die in langer Reihe den ganzen Gangsteig einnahmen und stießen sie unter rohen

Scherzen her und hin. Die älteren Weiber gingen meist zu zweit, – und die Männer folgten theils allein, theils in Gruppen. Einer unter ihnen hielt ein zerknittertes Zeitungsblatt in der Hand, und schien heftig gestikulierend seiner Umgebung den Inhalt eines Artikels zu erklären. Einige bogen in die abzweigenden Gassen ein und ein großer Theil verlor sich in den Branntweinschenken. –
Indessen war es ganz finster geworden. Die Gaslampen warfen ihr müdes Licht auf die Gassen und jede zeichnete auf dem Boden einen ungewissen verschwommenen Kreis. Ein Windstoß machte die Scheiben der Laternen erklirren, und die Flammen zuckten unstät. – Es begann zu regnen.

Durch eine der einsamsten engen Seitengassen schritt eilig ein Arbeiter. Den Kopf etwas zur Erde geneigt setzte er schwer die Füße auf das unregelmäßige Steinpflaster so, dass die leere Gasse davon widerhallte. Die erloschene Pfeife hielt er im Munde, ohne dass er zu bemerken schien, dass der Knaster nicht brannte. Der Schein einer Laterne huschte über sein Gesicht. Es war sehr ernst. Die Augen starr und ausdruckslos, die Lippen fest zusammengekniffen. Der Weg schien ihm lange. Von Minute zu Minute beschleunigte er seinen Gang. Endlich stand er still. Einen Augenblick holte er Athem. Dann betrat er den engen finsteren Thorweg eines vierstöckigen schmalen Vorstadthauses. Ohne auf eine dicke Frau zu achten, die aus der Thür tretend eine Frage an ihn stellte, stieg er, indem er immer 2 Stufen nahm rastlos 4 Treppen aufwärts. Im Vorraum angelangt, schob er die Kinder beiseite, welche den Eingang zu einer der dort mündenden 3 Thüren besetzt hatten und trat ein. –
Es war eine kleine dumpfige Stube. Auf einem niedrigen Bett lag ein Weib. Die rohe Kotze war bis an das Kinn hinaufgezogen. Der Kopf mit den müden, verglasten, blauumränderten Augen kraftlos auf dem rothgestreiften Kissen zur Seite gesunken. Die eine Hand war in dem wirren schwarzen Haar vergraben, während die andere krampfhaft und zuckend die Decke zusammenballte und abwechselnd wieder losließ. Um die schmalen, farblosen Lippen schlich ein Zug unsäglichen Leidens und unter den weithervorstehenden Jochbeinen schien der Tod zu kauern. – Der Mann neigte sich zu ihr nieder. »Anna«, flüsterte er weich. – Die Kranke sah ihn groß an. Es lag etwas fremdes, weltfernes in diesem Blick, das ihn erschauern machte. Sie versuchte zu lächeln. Aber nur ein schmerzliches Zucken entstellte die Lippen, dann

trat eine starre, regungslose Ruhe in die verhärmten Züge. Der Lichterschein, der aus dem Fenster, das jenseits des schmalen Lichthofes – auf Schrittweite lag, herüberfiel, erhellte den ärmlichen Raum hinlänglich. – Er enthielt nichts, als das breite niedere Bett – einen elenden Stuhl und einen Herd dessen schmutzig graue Kacheln lange keine Wärme ausgestrahlt hatten. – Während der Mann sich seufzend auf dem Stuhl neben dem Weibe niederließ, traten die Kinder leise ein. Marie ein Mädchen von etwan 14 Jahren, das kleine zweijährige Brüderchen auf dem Arme. Sie setzte sich auf den Herd, und ließ den Kleinen mit den harten Brotkrumen spielen, die auf der rostigen Platte lagen.
Der Vater bemerkte sie nicht. Er hielt die linke Hand des Weibes in der seinen, während die Rechte den Kopf stützte. Er dachte und dachte. Nicht geordnet, wirr und gespensterhaft zog die Vergangenheit durch seine Seele. Er liebte dieses Weib. – Das wusste er. Es war *sein* Weib. Freilich vor der Kirche nicht und vorm Pfarrer. Aber vor seinem Herzen und vor den – Kindern. Jahrelang lebte er mit ihr. Sie war treu. Sie hatte für ihn gesorgt, ihm Kinder geschenkt und . . . seine Gedanken verwirrten sich. – Er wusste nur, dass sie jetzt krank war, todkrank, wie der Arzt sagte. – Die Kranke rührte sich – er fuhr empor. Sie stammelte einige unverständliche Worte. Sie sprach im Fieber. – Alles war wieder still. – Hie und da lachte der Kleine wenn es ihm gelungen war aus dem harten Brote ein Thor herzustellen. Vom Hof herauf scholl das Kreischen weiblicher Stimmen. Stille. – Er hörte die raschen, pfeifenden Athemzüge seines Weibes. – Und er hob den Kopf und blickte sie an. Der Lichtstrahl von drüben fiel just auf ihr Gesicht. Er sah sie wieder jung, frisch, gesund; und heiße sinnliche Liebe erwachte in ihm. Sein Auge lohte. Er drückte die Hand der Todtkranken so fest, dass diese mit leisem Wehruf den Kopf auf die andere Seite wandte.
Sie musste leben! – Ja warum war sie denn dem Tode verfallen? – Sagte der Arzt nicht selbst kräftige Nahrung . . . . Die dunklen Brauen des Mannes zogen sich dicht zusammen. Weil er ein Bettler war, musste sie sterben. – Nein – das sollte nicht geschehen. – Jetzt vernahm er alles auf einmal. Die ermahnende Stimme des Arztes, das Drohen des Hausherrn, der ihn aus dem Hause jagen wollte, wenn er nicht sofort bezahlte, dazwischen das Ächzen der Kranken und den Jammer der Kinder, die Hunger hatten . . . . Das brach die Kraft des Mannes. Er ließ die Hand des Weibes los und sank starr in sich zusammen. – Aber nur für einen Augenblick. Dann richtete er sich empor. – Gilt *ein* Le-

ben nicht soviel wie das andere? – Liegt es nicht noch in seiner Macht das theure Weib zu retten? Er braucht sich ja nur Geld zu schaffen . . . Da draußen, das entlegene Com⟨p⟩toire seines Chefs . . . Nur der alte Josef schläft dort im Vorraum – Der alte Cadaver leistet keinen Widerstand . . . . .

Er zuckte jäh zusammen. War das Mord? Und sein Blick fiel auf das in furchtbaren Schmerzen sich krümmende Weib, das eben die Augen aufschlug – so flehend, so hilfesuchend. Er riss sich empor. – Es musste geschehen so oder so – Leben für Leben.

Rauh hieß er die Kinder sich an das Bett der Mutter setzen. – Dann trat er nahe an den Herd. Machte sich dort mit den Flaschen und Töpfen zu thun, und steckte unbemerkt ein scharfes Messer ein. Ein langes, zweischneidiges. Ein andere⟨s⟩ ließ er auf dem Rande der Herdplatte liegen. – Die Sperrhaken und verschiedenartigen Schlüssel, so wie einige scharfe Instrumente trug er noch unter seinem Rock im Arbeitssack. Sonderbar, er hatte heute mehr Werkzeuge mit nach Hause genommen, als er sonst pflegte. – Jetzt trat er noch einmal an das Bett. Beugte sich nieder und drückte einen langen Kuss auf die bleiche Stirn der Mutter, küsste auch Marie und hieß sie den Kleinen neben die Mutter betten. Dann ging er. – Es war neun Uhr. – Im ersten Stockwerk nur brannte ein mattes Licht, so dass es oben ganz dunkel war im Stiegenhause. – Vor der Thür blieb er noch einmal stehen. Tiefe Stille. – Da aufeinmal hörte er Mariechen, und das Lallen des Kleinen dazwischen:
»Vater unser, der du bist in dem . . . . .«
Eilig stieg er die enge Treppe hinab. –

II.

Mählich lichtete sich die Nacht. – Ein leichter röthlicher Dämmerschein spielte um die hohen, schwarzen Dächer. – In den Straßen aber war es noch dunkel. Nur aus den Milchläden fiel das rothe Gaslicht auf den Gangsteig und zeichnete dort einen lichten Kegel. Hie und da rollte ein linnenüberspannter Bauernwagen vorüber, der Waren für den Markt führte. Die Leute darauf hatten dicke Tücher um Hals und Ohren gezogen. Der Morgen war kalt. – Auch dem Manne schien zu frieren, der in der Mitte der Straße so eilig weiterhastete. Er hielt beide Hände in den Taschen und wich den Wenigen, die des Weges kamen, – in großem Bogen aus. Von Zeit zu Zeit blieb er stehn und schaute sich um. Es war ihm als wankte ein alter Mann schreiend hinter ihm her eine weite klaffende Wunde in der Brust mit großen, blutigen Augen im halb zerschmetterten Schädel. – Aber es war nur sein eigener Schatten, der ihm selbst bei jeder Bewegung ängstlich auswich. – Und er stand wieder. – War das nicht eine Blutspur was da hinter ihm herlief und so dunkel glänzte. Er zitterte. Er bückte sich, tauchte den Finger in die Wagenspur und führte ihn nah an die Augen. Es war fahler, grauer Straßenkoth. Da kam ihms zum Lachen. Danach beschleunigte er seine Schritte noch mehr. Jetzt – jetzt hörte er hinter sich laufen. Sein Herz schlug nicht mehr. Er hielt den Athem an. Er musste sich am nächsten Laternenpfahl halten. Jetzt knapp hinter ihm – Jetzt . . . . Ein Bäckerbube trollte vorüber – »Bissel flott gezecht, Freunderl! Wie?« rief er dem Wankenden zu und verschwand in der nächsten Seitengasse. – Der Mann aber raffte sich auf, und ging weiter. Er schleppte sich kaum. Es war ihm als ginge er nun schon viele, viele Jahre so fort. Was vorher war, das wusste er nicht. – Da klirrte das Geld in seiner Tasche – eilig drückte er die Hand darauf. Er wusste es doch. Aber er wollte schweigen davon. Es war nicht schön zu denken. – Er spürte ihn noch in der Nase, diesen Geruch, von dem Schweiße des alten Mannes – von dem frischen Blute . . . . .

Da wurde schon eine Apotheke aufgemacht. Er ging hinein. Von dem starken Weine von dem Spanischen möcht' er. Der verschlafene Lehrling achtet nicht auf den Mann. Er geht das Verlangte holen. Dem Arbeiter aber scheint es, als habe er in einem fort seine rechte Hand betrachtet. Da richtig – ein kleines Fleckchen – braunroth auf dem Hemdärmel. Er steckte ihn tief unter den Rock – . . . tief . . . Aber da war es ihm, als wüchse die grobe Leinwand innen von neuem über der Hand hervor und darauf ein Fleck so groß – – – so groß. Der Lehrling gähnte und nannte den Preis, während er die Flasche, sie in den Händen drehend, in ein rothes Papier einschlug. Der Mann bezahlte. Seine Hand zitterte, es war blankes, blankes Silber. – Ohne Gruß ging er.

Endlich war er beim Hause. Das Thor war noch verschlossen. Er öffnete mit dem großen Schlüssel mühsam und ängstlich. – Die schwere Thür fiel hinter ihm jäh in's Schloss. Der Hausmeister, der zufällig über den Gang schritt, sah den Mann misstrauisch an und murmelte etwas von – Gesindel. – Der aber war schon athemlos im vierten Stockwerke angelangt. – Mariechen stand auf der Schwelle und weinte: »Vater«,

rief sie ihm entgegen, »Vater ich fürcht mich. – … D'Mutter, d'Mutter … … .«
Der Unglückliche ahnte Alles. Er stürzte ans Bett. Da lag sein Weib starr und still. Die Augen waren weit, weit offen, aber verschwommen und ohne Ausdruck. Die blauen Lippen halb geöffnet, als wollte sie Luft schöpfen oder reden … .. Die Hände so kalt, … .. er begann sie zu reiben, zu rütteln … .. Alles, Alles umsonst. Da übermannte ihn eine Wuth, eine Verzweiflung, er warf das blanke Geld auf die grauen Dielen das⟨s⟩ es dröhnte und Marie erschrocken zur Seite sprang. Der Kleine aber erwachte, zupfte an der Decke der Mutter, und als diese still blieb, begann er zu lächeln, in die Händchen zu schlagen, und hatte seine Freude an den hellen, glänzenden Silberstücken, die da auf dem Boden so toll durcheinanderkollerten. Der Vater aber war über dem todten Weibe zusammengebrochen. – Mariechen wagte sich nicht zu rühren, und das Bübchen war zufrieden mit dem neuen Spielzeug.
Endlich richtete der Mann sich auf. Er schickte die Kinder fort. Sie sollten in den Hof gehen und nicht kommen, bis er sie riefe. – Als die beiden aber schon an der Thüre waren, rief er sie zurück. Küsste das Mädchen oft auf die blasse Stirn, und herzte auch den Kleinen bis dieser, ob der ungewohnten Liebkosung in Thränen ausbrach. – Jetzt hieß er sie gehen.
Ächzend stand er auf, ging zur Thür und verriegelte sie von Innen. – Dann legte er den Rock ab, – setzte sich auf den Bettrand zu seinem todten Weib und verharrte eine Weile regungslos. Jetzt begann er nochmals die kalten Glieder zu reiben und auf die bleichen, gespannten Lippen zu hauchen. Und ihm war, als stiege eine leichte Röthe in die eingefallenen Wangen. In fieberhafter Hast holte er die Flasche mit dem Weine, brach ihr den Hals an der Sessellehne, und flößte aus der hohlen Hand einige Tropfen den klaffenden Lippen ein. Aber es füllte sich nur die Mundhöhle und dann floss der dickflüssige rothe Trank der Todten über das bleiche, spitzige Kinn. – Da schien es ihm es wäre Blut! Er warf die Flasche von sich. Hat er auch dieses Weib gemordet? *Sein* Weib? – Ein Schauer schüttelte die nervigen Glieder. –
Er glitt vom Bettrand herab – und sank vor einem alten verblichenen Christusbilde – dem einzigen im Zimmer – auf die Knie. – Er hob die breiten, braunen Hände hoch über den Kopf. Seine Lippen zitterten. Vielleicht betete er. Aber laut schrie er nur: Jesus Maria! –
Es war indessen ganz Tag geworden. Er erhob sich. – Er wankte ein

paar Mal in der Stube umher; dann trat er an das Fenster. Graue, leichte Wolken deckten den Himmel, da und dort aber blickte ein Stückchen blasses Blau hervor. – Er wandte sich jäh um, trat an den Herd. Dort lag noch das Messer, jenes zweite. – Er setzte sich auf den Rand der Platte. – Die Augen weit in die Ferne gerichtet, leer und gleichgültig; er fasste die Klinge. Langsam durchschnitt er die Pulsadern. – Keine Muskel zuckte in seinem fahlen Antlitz. – Dann bemerkte er das Blut. Das Blut, das von seinen Handgelenken niederrann. – Er fürchtete dieses Blut. Er wollte ihm entfliehn. Er sprang auf. Aber schon an dem Bette seines Weibes sank er kraftlos nieder. Quer über sie lag er. Langsam aber reichlich quoll das rothe Blut unter den Hemdärmeln hervor und versickerte in dem rohen Leinen des Bettuches.

Durchs Fenster aber blickte die kalte Märzsonne. Ein Strahl verirrte sich in die Stube und spielte wie ein glückseliges Lächeln um die Lippen der Todten. Im Treppenhause dröhnten schwere Schritte und klirrten Säbel.

Aus dem Hofe aber scholl leise Mariechens helle Kinderstimme, die das heute so früh gestörte Brüderchen einwiegte:

     Schlaf, schlaf fein sacht ...
     Schutzenglein wacht! ....

DIE NÄHERIN

. . . . Es war im April des Jahres 188. . . . Ich war gezwungen meine Wohnung zu wechseln. Mein Hausherr hatte sein Haus verkauft und der neue Besitzer war entschlossen, das Stockwerk, in welchem mein bescheidenes Zimmer sich befand, ungetheilt zu vermiethen. Ich suchte lange nach einem anderen erfolglos. Endlich nahm ich des Suchens müde fast ungeschaut ein Kämmerchen im 3. Stocke eines Gebäudes, dessen Längsseite keinen unbedeutenden Theil der engen Seitengasse einnahm.

Mein Zimmer erschien mir gleich in den ersten Tagen recht heimlich. Durch die beiden kleinen Fenster, deren vielfach getheilte Scheiben das Alter des Hauses errathen ließen, schaute ich weit über graue und rothe Dächer, über russige Schornsteine hinweg die blauen Berge und konnte die aufgehende Sonne betrachten, die als glühende Kugel auf dem verschwommenen Hügelrande lehnte. Meine eigenen Möbel, die ich hatte herbeischaffen lassen, machten den beengten Raum wohnlicher, als ich anfangs hoffte, und die Bedienung, die die Hausbesorgerin übernommen hatte, ließ nichts zu wünschen übrig. Die Treppe war nicht allzusteil und konnte unmerklich erstiegen werden, ja, wenn ich in Gedanken hinanschritt, fühlte ich mich gar verleitet, bis auf den Dachboden zu klimmen. Kurzum ich war zufrieden, zumal in dem dunklen Hofe weder Kinder spielten noch – Leierkästen.

Jahre sind ins Land gegangen seither. – Die Zeit, von der ich erzähle, liegt für mich im Dämmern der Vergangenheit, und die grellen Farben der Ereignisse sind verblasst und verschwommen. Mir ist, als spräche ich von einer Begebenheit, die nicht mir selbst, sondern einem Anderen, vielleicht einem guten Freunde zugestoßen ist. Ich muss daher nicht befürchten, dass mich die Selbstliebe zu einer Lüge verleitet: ich schreibe offen, klar und wahrheitsgemäß.

Ich war nicht viel zuhause damals. Früh um ½ 8 ging ich ins Amt, speiste mittags in einem billigen Gasthause und verbrachte so oft es anging den Nachmittag im Hause meiner Braut. Ja, ich war verlobt damals. Hedwig – ich will sie so nennen – war jung, liebenswürdig, gebildet und – was in den Augen meiner Genossen am schwersten ins Gewicht

fiel – reich. Sie entstammte einer älteren Kaufmannsfamilie, die es durch Sparsamkeit und Fleiß endlich dahin gebracht hatte, ein Haus zu führen, das auch die jungen Cavaliere gerne besuchten, weil bei aller Vornehmheit ein ungezwungener Frohsinn dort herrschte, der die Langeweile nicht aus den Theetassen steigen ließ. Die jüngste Tochter des Hauses, Hedwig, war übrigens jedermanns Liebling, weil sie mit ihrer Bildung eine gewisse liebenswürdige Leichtfertigkeit vereinte, die die gleichgiltigste Unterhaltung interessant und reizvoll machte. Sie besaß mehr Herz und Gemüth, als die beiden älteren Schwestern, war aufrichtig, heiter, und – es ist gewiss, dass ich sie liebte. –
Ich kann offen reden. Sie heiratete später ein Jahr nachdem das Verlöbnis gelöst war, einen jungen, adligen Offizier, starb aber, nachdem sie ihm das erste Kind, ein blondlockiges Töchterchen, geschenkt hatte. –
In ihrem Elternhause, wo sich täglich eine größere Gesellschaft befand, blieb ich gewöhnlich bis gegen die sechste Abendstunde, machte dann meinen Spaziergang, besuchte das Theater und kehrte um 10 Uhr nachts nachhause zurück, um den nächsten Tag dieselbe Lebensweise fortzuführen.
Früh, wenn ich meine drei Treppen langsam niederstieg, traf ich auf dem Vorraume des I. Stockes stets den Hausbesorger, der die weißen Steinfließe reinigte. Er grüßte und begann ein Gespräch. Tag für Tag dasselbe. Vom Wetter erst, dann, wie ich zufrieden sei mit meiner Wohnung und dergleichen. Da der Alte nie enden wollte, fragte ich ihn immer nach seinen Kindern, worauf er seufzte und zwischen zusammengepressten Zähnen hervorstieß: »'s ist ein Kreuz! Die machen Sorge, Herr!« Damit wars zu Ende. – Einmal, an einem Dienstag, erkundigte ich mich, nur um etwas zu sagen, wer denn neben mir wohne. – Die Frage ward beantwortet, just wie sie gestellt war: Nur so – oben hin. »Eine Nätherin[1], ein armes Ding, ein hässliches ....« murrte er, ohne vom Boden aufzusehen. Das war Alles.
Ich hatte diese Auskunft längst vergessen, als ich sie – die Näherin, wie ich damals richtig vermuthete – im dämmerigen Flur des Hauses traf. An einem Sonntagvormittag war es. Ich hatte länger geschlafen und ging eben aus, während sie ein kleines Buch in der Hand wahrscheinlich aus der Kirche zurückekehrte. Eine armselige Gestalt: Zwischen

[1] Nätherin. Hs.

den spitzen Schultern, die ein verschossener, grüner, fast bis zur Erde reichender Mantel deckte, wiegte sich der Kopf, in dem zuerst die lange, dünne Nase und die hohlen Wangen auffielen. Die schmalen, leicht geöffneten Lippen zeigten unsaubere Zähne, das Kinn war eckig und sprang weit vor. Bedeutend in diesem Gesichte schienen nur die Augen. Nicht dass sie schön gewesen wären, aber sie waren groß und sehr schwarz – wennauch glanzlos. So schwarz, dass das tiefdunkle Haar fast grau erschien. – Ich weiß nur, dass der Eindruck, den dies Wesen auf mich machte, keineswegs ein angenehmer war. Ich glaube sie sah mich nicht an. Indessen blieb mir keine Zeit über diese gleichgiltige Begegnung weiter nachzudenken, da ich knapp vor dem Thore einem Freunde in die Hände fiel, in dessen Gesellschaft ich den ganzen Vormittag verbrachte. Dann vergaß ich überhaupt, dass ich eine Nachbarin hatte, zumal es, trotzdem wir hart Thür an Thüre waren, nebenan Tag und Nacht ganz stille blieb. – So wäre es wohl fortgegangen, wenn nicht eines Nachts durch Zufall – oder wie soll ich es nennen – das Unerwartete, Niegeahnte geschehen wäre.

Im Hause meiner Braut fand in den letzten Tagen des April eine Gesellschaft statt, die, lange besprochen und vorbereitet, ganz trefflich verlief und bis spät in die Nacht dauerte. Gerade an jenem Abende hatte ich Hedwig entzückend gefunden. Ich plauderte lange mit ihr im kleinen, grünen Salon, und hörte voll Freude, wie sie halb ironisch, aber voll kindlicher, inniger Naivität das Bild unseres zukünftigen Hausstandes entwarf, wie sie all die kleinen Freuden und Leiden mit den grellsten Farben malte, und sich auf unser Glück freute, wie ein Kind auf den Christbaum. Ein angenehmes Gefühl der Zufriedenheit durchstrahlte wie eine wohlthuende Wärme meine Brust, und auch Hedwig gestand damals, mich noch nie so heiter gesehen zu haben. – Dieselbe Stimmung beherrschte übrigens die ganze Gesellschaft: Toast folgte auf Toast. So kam es denn, dass man sich um 3 Uhr morgens immer noch recht ungern trennte. – Drunten fuhr Wagen um Wagen vor. Die wenigen Fußgänger zerstreuten sich bald nach allen Seiten. Ich hatte mehr denn eine halbe Stunde zu gehen und so beschleunigte ich ziemlich meine Schritte, umsomehr, als die Aprilnacht kalt und nebeldüster war. Ich war mit meinen Gedanken beschäftigt und es schien mir gar nicht so lange gedauert zu haben, als ich schon vor der Hausthür stand. Langsam sperrte ich auf und schloss das Thor vorsichtig hinter mir. Brannte dann ein Zündholz an, welches mir durch die Vorhalle bis zur Treppe leuchten sollte. Es war übrigens das letzte, das ich

besaß. Es löschte bald. Die Treppe tappte ich, immer noch der schönen Stunden des vergangenen Abends denkend, hinan. Nun war ich oben. Ich steckte den Schlüssel in die Thür, drehte einmal um, öffnete langsam . . . .
Da stand *sie* vor mir. Sie. – Eine matte, fast herabgebrannte Kerze erhellte dürftig das Zimmer, aus dem mir ein unangenehmer Dunst von Schweiß und Fett entgegenschlug. Sie stand in einem schmutzigen, weitoffenen Hemde und einem dunklen Unterrock am Ende des Bettes, schien gar nicht erstaunt und blickte mich nur unverwandt mit starren Augen an. –
Ich war offenbar in ihr Zimmer gerathen. Aber ich war so befangen, so festgebannt, dass ich nicht ein Wort der Entschuldigung sagte, aber auch nicht ging. Ich weiß, dass mich ekelte; aber ich blieb. Ich sah wie sie an den Tisch trat, den Teller mit den verstreuten Überresten eines zweifelhaften Mahles beiseite schob, vom Sessel die Kleider wegnahm, die sie ausgezogen, – und mich setzen hieß. Mit leiser Stimme, indem sie sagte: »Kommen Sie.«
Auch der Klang dieser Stimme war mir zuwider. Aber wie einer unbekannten Macht folgend, gehorchte ich. Sie sprach. Ich weiß nicht worüber. – Dabei saß sie am Rande ihres Bettes. Ganz im Dunkel. Ich sah nur das bleiche Oval dieses Gesichts und hie und da, wenn die verlöschende Kerze auflohte, die großen Augen. – Dann erhob ich mich. Ich wollte gehen. Die Klinke an der Thür leistete Widerstand. Sie kam mir zuhilfe. Da – in meiner Nähe glitt sie aus, – und ich musste sie auffangen. Sie schmiegte sich an meine Brust, und ich fühlte ganz nahe ihren glühenden Athem. Er war mir unangenehm. Ich wollte mich los machen. Allein ihre Augen ruhten so starr in den meinen, als webten diese Blicke ein unsichtbares Band um mich. Sie zog mich immer mehr an sich, immer mehr. Sie drückte heiße, lange Küsse auf meine Lippen . . . . Da verlöschte die Kerze. –
Am anderen Morgen erwachte ich mit schwerem Kopf, Kreuzschmerzen und bitterer Zunge. Neben mir in den Kissen des Bettes schlief sie. Das blasse eingefallene Gesicht, der magere Hals, dieser flache entblößte[1] Busen flößte[2] mir Schrecken ein. Ich richtete mich langsam auf. Die dumpfige Luft lastete auf mir. Ich blickte mich um: der schmutzige Tisch, der abgenutzte, dünnbeinige Sessel, die eingegangene Blume auf dem Fensterbrett – Alles machte den Eindruck des

---

1 entblöste. Hs.
2 flöste. Hs.

Elenden, Verkümmerten. Da regte sie sich. Sie legte wie träumend eine Hand auf meine Schulter. Ich betrachtete diese Hand; die langen dickknöcheligen Finger mit den schmutzigen, kurzen, breiten Nägeln, die Haut an den Spitzen braun – und zerstochen ..... Mich ergriff ein Abscheu vor diesem Wesen. Ich sprang empor, riss die Thür auf, und rannte in mein Zimmer. Dort ward mir leichter. Noch weiß ich, dass ich bei meiner Thür den Riegel vorschob – so weit es ging. –

Tag um Tag verging in ganz derselben Weise, wie früher. Einmal, vielleicht eine Woche später, als ich mich schon zu Ruhe begeben hatte, stieß ich zufällig mit dem Ellenbogen gegen die Wand. Ich vernahm, dass dieses unabsichtliche Klopfen sofort beantwortet wurde. Ich blieb still. – Dann schlummerte ich ein. Im Halbschlaf plötzlich schien mir, dass meine Thür geöffnet würde. Im nächsten Augenblick fühlte ich einen Körper, der sich an mich schmiegte. Sie war bei mir. In meinen Armen verbrachte sie die Nacht. Ich wollte sie fortschicken, oft. Aber sie blickte mich mit ihren großen Augen an, und das Wort erstarb auf der Lippe. O es war entsetzlich die warmen Glieder dieses Wesens neben mir zu fühlen, dieses hässlichen, frühgealterten Mädchens; und doch fand ich nicht die Kraft ....
Manchmal begegnete ich ihr im Treppenhause. Sie ging an mir vorbei, wie zum ersten Male: – wir kannten uns nicht. Sehr oft kam sie zu mir. Leise, ohne ein Wort zu sprechen, trat sie ein und hi⟨e⟩lt mich gebannt durch ihren Blick. Ich war willenlos.
Endlich beschloss ich der Sache ein Ende zu machen. Mir kam es wie ein Verbrechen vor gegen meine Braut, das Bett mit diesem Weibe zu theilen, das sich mit solcher Aufdringlichkeit an mich schmiegte, und das doch nichteinmal – das Recht der Liebe besaß! –
Ich kam viel zeitiger nachhause und verriegelte sofort meine Thüre. Als die neunte Abendstunde heranrückte, kam sie. Da sie die Thür versperrt fand, ging sie wieder weg; sie mochte wähnen ich sei nicht zuhause. Aber ich war unvorsichtig. Ich schob den schweren Schreibtischsessel etwas jäh zurück. Das musste sie vernommen haben. Im nächsten Augenblicke pochte es. Ich blieb still. Noch einmal. Dann ungeduldig ohne Unterlass. Jetzt hörte ich sie schluchzen – lange, lange .... Die halbe Nacht musste sie an meiner Thüre verbracht ha-

ben. Aber ich war stark geblieben; ich fühlte, dass dieses Ausharren den Zauber gebrochen hatte. –

Den nächsten Tag traf ich sie auf der Treppe. Sie ging sehr langsam. Als ich ganz in ihrer Nähe war, schlug sie die Augen auf. Ich erschrak: In diesen Augen lag ein unheimliches Flimmern und Drohen . . . . Ich lachte über mich selbst. – Ich war doch ein rechter Thor! Dieses Mädchen! Und ich schaute ihr nach, wie sie so schwerfällig die Füße auf die Steinstufen setzte und hinabhinkte . . . .

Am Nachmittage brauchte der Chef meiner, so dass der gewohnte Besuch bei Hedwig unterbleiben musste. Abends, als ich in meine Stube kam, fand ich einen Brief des Vaters meiner Braut vor, der mich in das größte Erstaunen versetzte. Er lautete:

». . . . . Unter den obwaltenden Verhältnissen werden Sie es begreifen, dass ich mich zu meinem eigenen, größten Bedauern gezwungen sehe, die Verlobung mit meiner Tochter aufzuheben. Ich dachte Hedwig einem Manne anzuvertraun, den keine anderweitigen Verpflichtungen binden. Derartige Erfahrungen seinem Kinde möglichst zu ersparen ist Vaterpflicht. Sie werden, geehrter Herr von B. mein Vorgehen verstehen, wie auch ich überzeugt bin, dass Sie mich selbst gewiss noch rechtzeitig von der Lage der Dinge unterrichtet hätten. – Im Übrigen stets der Ihre . . . . . .«

Wie mir zumuthe war, ist schwer zu beschreiben. Ich liebte Hedwig. Ich hatte mich in die Zukunft, die sie selbst so reizend entworfen hatte schon eingelebt. Ich konnte mir mein Schicksal ohne sie nicht denken. Ich weiß, dass mich zuerst ein heftiger Schmerz übermannte, der mir Thränen in die Augen trieb, ehe ich Zeit fand nachzudenken, welchem Einflusse ich diese sonderbare Zurückweisung zu verdanken hatte. Denn sonderbar war sie auf jeden Fall. – Ich kannte Hedwigs Vater, der die Gewissenhaftigkeit und Gerechtigkeit selbst war, und wusste, dass nur ein bedeutendes Ereignis ihn zu diesem Vorgehen bewogen haben konnte. Denn er achtete mich und war zu besonnen mir Unrecht zu thun. Ich schlief die ganze Nacht nicht. Tausend Gedanken durchkreuzten meinen Kopf. Endlich gen Morgen entschlummerte ich vor Müdigkeit. Beim Erwachen bemerkte ich, dass ich vergessen hatte, die Thür zu verriegeln. Indessen sie war nicht bei mir gewesen. Ich athmete erleichtert auf.

Ich kleidete mich eilig an, entschuldigte für ein paar Stunden mein Fernbleiben vom Amte und eilte zur Wohnung meiner Braut. Ich fand

das Thor verschlossen, und als auf mein wiederholtes Läuten Niemand erschien, dachte ich sie seien ausgefahren. Der Hausbesorger könnte ja leicht im Hofe beschäftigt sein, wo er die Glocke nicht hörte. – Ich beschloss am Nachmittage zur gewöhnlichen Stunde zu kommen.
So that ich auch. – Der Hausbesorger öffnete, machte erstaunte Augen und sagte, ich müsste ja doch wissen, dass die Herrschaften abgereist seien. Ich erschrak, that aber, als sei ich von Allem unterrichtet, und verlangte nur Franz, den alten Diener, zu sprechen. Der erzählte mir denn auch haarklein, dass Alle, Alle abgereist sein, nachdem gestern nachmittag eine merkwürdige Scene sich abgespielt hätte.
»Ich stand« so sprach er, »hier im Vorraum, putzte die Tafelbestecke, als ein Frauenzimmer heruntergekommen und elend eintrat, und mich ersuchte, sie zu Fräulein Hedwig zu führen. Natürlich gab ich nicht nach, – man muss die Leute doch erst kennen . . . .« Ich nickte eifrig. – Mir kam ein Gedanke . . . . »Na und kurz und gut« fuhr der schwatzhafte Alte fort, »sie machte auf meine Weigerung hin solange ein Geschrei und Gezeter, bis der gnädige Herr heraustrat. Den bat sie nun und beschwor, sie bringe wichtige Nachrichten. Er nahm sie in sein Cabinet. Eine Stunde blieb sie drin. Eine Stunde, gnädiger Herr! Dann kam sie heraus, küsste dem gnädigen Herrn die Hand . . . . . .«
»»Wie sah sie aus«« unterbrach ich ihn.
»Blass, mager, hässlich.«
»»Groß?««
»Recht groß.«
»»Augen?««
»Schwarz, auch die Haare.« Der Alte schwatzte noch weiter. Ich wusste genug. – Alle Worte des entsetzlichen Briefes wurden mir klar: Verpflichtungen! . . . . Bitterer Groll regte sich in mir. Ich ließ den Diener stehen und stürzte hinab. Ich lief durch die Straßen bis zu meinem Hause. Vor dem Thor standen ein paar Leute beisammen. Männer und Weiber. Sie sprachen heftig und leise. Ich stieß sie rauh beiseite. Dann 3 Treppen hinan ohne Athemholen. Ich musste zu ihr, ihr sagen . . . Ich wusste nicht was ich sagen würde, aber ich fühlte, dass mir die rechte Zeit die rechten Worte leihen werde . . . .
Auch auf der Treppe begegnete ich Männern. Ich achtete ihrer nicht. Oben. – Ich riss die Thür auf. Heftiger Carbolgeruch drang mir entgegen. Ein hartes Wort erstarb mir auf den Lippen. Da lag sie auf den grauen Linnen des Bettes in bloßem Hemde. Den Kopf weit zurück,

die Augen geschlossen. Die Hände hingen schlaff. Ich trat näher. Sie zu berühren wagte ich nicht. – Mit den klaffenden Lippen und den unterlaufenen Augenlidern machte sie ganz den Eindruck einer Ertrunkenen. Mich schauerte. Ich war allein im Zimmer. Die scheidende, kalte Sonne beschien den schmutzigen Tisch – den Bettrand . . . . Ich beugte mich zu dem Weibe. Ja, sie war tod. Die Farbe des Gesichtes war bläulich. Ein übler Geruch ging von ihr aus. Und ein Ekel erfasste mich, ein Abscheu . . .

<u>Ende.</u>

SCHWESTER HELENE

Es war still in der Krankenstube. Man vernahm nichts als das einförmige schwerfällige Ticken der großen Wanduhr und hie und da den fliegenden Athem des Mannes, der dort in dem hohen grünen Lehnstuhl saß. –
Die Strahlen der fahlen farblosen Herbstsonne irrten zwischen den schweren Gardinen hindurch und huschten verstohlen über sein bleiches Antlitz. Das lag kraftlos in die weißen Kissen, welche über die steile Lehne gebreitet waren, zurückgesunken. Die Augen waren geschlossen. – Die schmalen Lippen krampfhaft zusammen gepresst. Die durchscheinenden Nasenflügel bewegten sich in fieberhaftem Zucken auf und nieder. Über dem Munde schattete ein leichter Flaum, und auch das spitze Kinn war mit ungleichlangen wenig gepflegten braunen Haaren bedeckt. Die Wangen waren eingefallen und faltig und schienen kaum um einen Stich gelber als die weißen Kissen und das Hemd, dessen umgeschlagener Kragen den abgemagerten Hals freiließ. Die rechte Hand mit der dünnen Haut, durch welche die blauen Adern stark durchschimmerten lag nervös zuckend auf der Armlehne, während die andere die dunkelgrüne Seidendecke abwechselnd bis ans Kinn emporzog und heftig wieder zurückstreifte. –
Sonst war niemand in dem hohen dunkeln Zimmer, dessen Wände mächtige Bücherkasten bedeckten; – Ja doch! Dort in der Ecke in der Nähe des breiten Bettes saß über eine Näharbeit gebückt Schwester Helene. Ihr schwarzes Kleid hob sich kaum ab von der dunklen Wandtapete. Von Zeit zu Zeit schlug sie die großen blauen Augen auf und schaute ängstlich nach dem Kranken. Ihr schmales, bleiches Gesicht war schön und regelmäßig – nur die rothen jugendlichen Lippen umfurchte Mitleid und Entsagung. –

Jetzt schlug der Mann im Lehnstuhl die schwarzen Augen auf. In diesen Augen loderte ungedämpft von der Tücke der Krankheit das Feuer der Jugend. Aber nur für einen Augenblick. Dann sanken die breiten schattenden Lider wieder etwas tiefer und der Blick ward matt und glanzlos.
»Schwester,« . . . . .

Helene erhob sich.
»Schwester«! flüsterte der Kranke ungeduldig.
»Hier bin ich schon, Herr Sivert!«
»Ist schon Morgen«?
»Es ist Nachmittag, sie sind nach dem Essen eingeschlummert.«
»So, so . . . . ja ich weiß, Helene. Erwiderte Sivert mild. Wieder kein Brief von Marie? fuhr er fort indem er sich im Sessel aufrichtete und den Kopf zurücklehnte.
»Die gnädige Frau wird ja gewiss längstens morgen schreiben.«
»Morgen? – Sie können Recht haben. –«
»Übrigens wird Frau Sivert bald zurückkehren« begütigte die Wärterin.
»Ich wollte lange nicht einsehen, dass meine Frau fort müsse«, sprach der Mann leise aber nachdrücklich »doch es ist wahr. Sie musste den alten Oheim doch noch mal aufsuchen, er war stets so gut zu ihr, wie sie erzählte, und wenn er sich jetzt so schwach fühlt . . . .«
Dann den Kopf wendend fuhr er in verändertem Ton fort.
Glauben Sie mir Helene das Sterben kommt schnell, das Sterben« . . . . und leise strich er mit der weißen Hand über die Stirn.
Sie müssen nicht vom Sterben sprechen, Herr Sivert.
Ein Lächeln umzuckte seine Lippen.
»Meinen Sie das ernst, mein Kind?« – »Nein, nein« – murmelte er als sie sprechen wollte – »Nein – ich weiß! Es geht zu Ende. –«
»Nicht doch, der liebe Gott wird Sie schon wieder genesen lassen.«
Sivert[1] reichte dem Mädchen, das sich zu ihm niederbeugte, die Hand und ließ sie schwer in der ihrigen lasten. – »Setzen Sie sich zu mir.« – Helene holte[2] den geschnitzten Stuhl von der Thüre her.
»Sehn Sie«, sprach der Kranke, etwas lauter »ich fürchte den Tod nicht.« Ich bin noch jung und doch ich gehe still und ergeben aus dieser Welt. – »Ich habe ja«, seine Stimme wurde leise, aber ein seliges Lächeln verklärte seine Züge »- ich habe, manch ein Glück genossen.«
Ich bin mit Marie ein Jahr verheiratet. – Aber wir lieben uns wie am ersten Tage. Es ist mir weh, wenn ich denke, dass ich von ihr gehen muss. – Allein es beruhigt mich zugleich, dass ich lieben durfte auf Erden und Liebe genossen habe. – Ich bin jede Minute bereit zu gehen . . . . .«

---

1 Sievert. Hs.
2 hohlte. Hs.

Das Reden hatte ihn ermüdet – er lehnte sich zurück und schloss die Augen.
Die junge Schwester faltete die Hände. –
Sivert aber blickte auf und sagte ohne den Kopf zu wenden vor sich hin.
»Wollen Sie mir ein wenig vorlesen noch?«
Helene stand auf. »Was soll ich herabnehmen? –«
Der Kranke deutete durch eine Bewegung des Kopfes auf den betreffenden Schrank.
»Unten eines von den kleinen Büchern, dort sind die Lieblingswerke meiner Frau.« Bitte!
Die Schwester ging.
Er begleitete mit den Blicken jede ihrer Bewegungen.
»Nicht dort! Tiefer! So die, die! Reichen Sie mir sie her.« –
Das Mädchen brachte fünf bis sechs Bändchen.
Er nahm sie auf den Schooß und blätterte eins nach dem anderen hastig durch. Zwischen den Seiten staken bald Bänder, bald welke Blumen. Er küsste manches davon. – Dann las er die Titel. – »Hermann u Dorothea«, sagte er gleichgültig und legte das Büchelchen der Schwester in die Hände.
»Der Landprediger, Wilhelm Meister . . . .«
Auch diese beiden schob er bei Seite.
»Werthers Leiden«. Er blätterte langsam um. Da schimmerte etwas weißes zwischen dem vergilbten Papier. Ein Brief? – An seine Frau?
Schon wollte er ihn wieder an die Stelle legen, wo er ihn gefunden – doch, weshalb sollte er ihn nicht lesen? Mit den kraftlos vibrierenden Finger⟨n⟩ entfernte er den Umschlag. Dann lehnte er den Kopf weit zurück. Stütz⟨t⟩e die Arme auf die Seitenlehnen und hielt das Papier mit beiden Händen. – Eine fremde große Männerschrift. –
Er las: Theure, geliebte Marie!
Er brachte den Brief näher an die Augen, als befürchtete er schlecht zu sehen. Er las noch einmal: »Theure geliebte Marie.« Halblaut sprach er diese Worte. Seine Augen waren weit aufgerissen, die Lippen zitterten. – Jetzt überflog er die entsetzlichen Zeilen –
»Der Vorwand Deinen Oheim aufzusuchen ist trefflich. Ich erwarte dich . . . . .
Es dröhnte ihm in den Ohren, die hohe Decke, die dunkeln Wände schienen zu wanken und mit einem entsetzlichen Aufschrei ließ er das Papier fallen. – »Marie« stöhnte er »Marie!«

Seine Brust wogte auf und nieder!
Die Schwester die nicht vermuthen konnte was geschehen sei – hielt[1] ihn für wahnsinnig.
Sie fasste seine Hände und bat und beschwor sich zu beruhigen.
Er aber machte sich los und schleuderte das kleine Buch weit bis in die Ecke des Zimmers. Wahnwitzige Wuth rüttelte seine abgezehrten Glieder. »Ich hab ihr vertraut!« schrie er unaufhörlich: »Ich Thor,« ich Narr!« Und er schlug sich mit beiden Fäusten gegen den Schädel.
Endlich trat die Erschöpfung ein.
Der Kopf sank weit zurück und nur die Hände welche sich krampfhaft auf der Decke ballten, verriethen das⟨s⟩ er lebte.
Die Schwester kniete bei seinem Lehnstuhl.
Jetzt ward Stille. Nur die Uhr tickte . . . .
Da fuhr er auf. Ein schrilles Lachen gellte aus seiner Brust.
»Helene«, sagte er laut und legte die Hand wuchtig auf die ihre: »Ich hab ihr vertraut. Es war mein Trost im Tode. – Und sie, die Dirne, ruht in den Armen des Feiglings, während ich im Sterben . . . . .«
Der Ton der Stimme ging ihm aus und ⟨die⟩ letzte Silbe klang wie ein pfeifender Hauch. – Wieder schloss er die Augen.
Helene wagte nicht zu sprechen.
Da begann Sivert zu stöhnen . . . Ein Husten wälzte sich tief aus der Brust herauf und erschütterte seinen ganzen Körper. Die Schwester hielt mit beiden Armen den halb ohnmächtigen. Das Tuch, das sie ihm vor den Mund presste färbte sich von blutigem Schleim. – Langsam beruhigte er sich.
Eine halbe Stunde lehnte er bewusstlos in den Kissen.
Dann fuhr er jäh empor. Seine Augen glühten.
»Ich will nicht sterben« flüsterte er.
Ich will nicht! Wiederholte er lauter.
Er vernahm nicht die Worte Helenens welche ihn beschworen sich ruhig zu halten.
Er stemmte beide Arme gegen die Seitenlehnen.
Leben, leben – genießen! . . . . schrie er auf.
Und er wandte den Kopf und schaute starr die neben ihm kniende Nonne an. – In seinen Augen erwachte wilde sinnliche Begier.
Helene erschrak.
Sie erhob sich, um nach dem Hausbesorger zu schellen.

---

1 hilt. Hs.

Sivert aber umklammerte mit beiden Händen ihre Arme, – so dass sie sich nicht rühren konnte.

»Mädchen, flüsterte der Kranke und seine Augen lohten.

»Sie werden sich schaden – Herr . . . . . keuchte die Wärterin.

»Helene!« schrie Sivert[1], ich will leben . . . .

Ich liebe Dich! Helene! –

Die Bedrängte schauerte zusammen.

»Du musst mein sein« fuhr der Rasende in fieberhafter Hast fort. Er bemühte sich aufzustehen, ohne dass er ihre Hände freigab.

Du musst! . . . . und eine übermenschliche Kraft erwachte in den abgemagerten Gliedern. Er umschlang das junge Mädchen mit seinen Armen. Noch wehrte sie sich. Aber wie ein ehernes Band zwängte ⟨er⟩ ihre Hüften.

Sie rang nach Luft. Spürte aber nur die glühenden Küsse, mit welchen der Furchtbare ihre Lippen und Wangen bedeckte.

Sie wollte schreien, aber die Stimme versagte. –

Ihre Kraft erlahmte und sie gab nach. Durch ihr Kleid fühlte sie das jugendliche Feuer das durch die Adern jenes Mannes rollte. Etwas wie sinnliche Glut entflammte auch in ihr. Halb bewusstlos umfasste sie seine Schultern. –

Und er schleppte sie zum Bett.

Auf seinen hohlen Wangen standen tiefrothe Flecken.

Aber er ermattete nicht.

Mit einem Ruck riss er das Kleid auf und nestelte mit bebenden Fingern an dem losen Mieder. –

In wenigen Secunden musste sie ihm gehören –

Das Mieder war offen. Er warf sich über sie . . . . .

Im selben Augenblick aber richtete sich Helene jäh auf. Sie schlug die Augen auf und sah die unstäten Blicke des Mannes die in thierischer Gier auf ihrem jungfräulichen Busen ruhten, sie sah die verzerrten begehrlichen Lippen an denen das trockene braune Blut klebte . . . . . .

Ihre Glut verwandelte sich in Ekel.

Mit einer unwillkürlichen Bewegung, die das Gefühl der Schamhaftigkeit ihr eingab, schleuderte sie den Trunkenen von sich.

Sein Schädel schlug hart an die hintere Bettlehne.

Er stöhnte laut auf.

Kraftlos kollerte er vom Bett und fiel schwer auf den Dielen nieder.

---

[1] Sievert. Hs.

Ein starker Blutstrom quoll über seine Lippen.
Stöhnendes Röcheln hob seine Brust.
Dann sank der Kopf.
Das Auge verlor allen Ausdruck – die Züge erstarrten . . . .
Schwester Helene aber saß am Bettrand.
Sie konnte sich nicht rühren.
Unverwandt ruhten ihre großen entsetzten Augen auf dem Todten. ⸺

SILBERNE SCHLANGEN
Ein Nachtstück

Durch den schwarzen, ragenden Wald geht leise die einsame blaue Mittsommernacht. –
Silber streut sie auf den wurzelgeäderten Pfad.
Leise flüstert sie. Sie erzählt den bebenden Blüten Märchen von Frieden und Glück. Und ihre Stimme klingt in dem heimlichen Rauschen der Zweige hold wie die Kirchenglocken im Dörfchen am Sonntag.
Die Blumen lauschen berauscht.
Sie heben die hangenden Häupter und schauen so dankbar der Nacht in das ernste blaue Auge . . .
Und die Vögel rütteln im Schlaf sich und fühlen den Segen der stillen traumstreuenden Göttin . . . .
Stille rings . . . . . .
So still wie das winzige Herz ist des schuldlosen helläugigen Kindes, so stille weitet sich jetzt die unendliche nächtige Welt . . . .
Da – aber durchschneidet den Wald ein mächtiger grauer Erdwall.
Hin über den scheidenden Damm schleichen zwei gleißende[1] Schlangen.
Bald glimmen sie auf in blauem, heimlichen Lichte, bald tauchen sie wieder in Dämmern die langen, ringelnden Leiber . . . .
. . . .
Ach, es ist, als sollten die Schlangen den Frieden zerstören . . . .
Fern verlieren sie sich – fern im Dunkel der Mondnacht . . .

·/·

Aus dem Walde tritt ein Mann.
Verzweiflung zerrt an seinen Mienen.
Schweigend sieht er den Bahndamm auf und nieder.
Schweigend hebt er den Blick zum Himmel.
Alles vorbei! Alles!
Jetzt will, jetzt kann er nicht mehr leben.

---

1 gleißenden. Hs.

Zwei haben sie ihm heute zu Grabe getragen: Sein Weib und seine Hoffnung.
Beide sind sie tod.
Freilich, noch eine Mutter lebt ihm; die aber kennt ihn nicht mehr.
Er hat sie gekränkt; gegen ihren Willen ein Weib genommen ...
Nein, die Mutter – kennt ihn nicht ...
Niemand hat er. Niemand ......
Denn er hat sich selbst nicht mehr.
Hat sich – verloren und ist – verdorben ...
... Und ihn friert in der blauen kosenden Sommernacht.
Gut ....
So mag denn das Leben ....
O, er kennts – zu gut ...... das Jenseits aber das ist das große, graue Geheimnis.
Den Schlüssel dazu trägt der Tod.
Leicht gibt er ihn nicht her.
Umarmen muss man ihn, den kalten, stummen Gesellen.
So fest umarmen, dass das Blut in den eigenen Adern gefriert bei der Berührung.
So fest dass das Herz stehen bleibt mit zuckendem Riss ...
So fest ....
Der Mann hat sich quer über die Schienen gelegt.
Mag nur niemand kommen. Jedes Geräusch das der Wind in den wogenden Wipfeln erregt, macht ihn beben: Nur *jetzt* niemand.
..... und recht bald mag es herankommen das harte eiserne Riesenungethüm und ihn zermalmen. Zerreißen, zerreißen und die zuckenden Fetzen an diese Bäume schleudern, dass sie dort hangen bleiben und das niederträufende Blut die Thale überschwemmt, die weiten, schlummernden Thale.
Wollust war ihm diesen Gedanken zu denken.
Er denkt ihn wieder und wieder.
Er sieht wie das Blut roth und rauchend sich in sein Dörfchen ergießt in die stillen, reinlichen Gassen .... Ha, wie sie schrein, – weil sie sehen, dass die alte lächelnde Heuchelei von Frieden und Glück ersaufen muss in der brandenden, brodelnden Blutfluth.
Die Wuth rüttelt ihn .....
Dann vergehn ihm die Sinne.
Ein Falter legt ihm im Fluge sein surrendes Summen ins Ohr ....

Jetzt kommts von ferne, denkt er; der Zug! Der Zug. Seine Seele jubelt.
Unter der Brust faltet er die Hände:
»Vater unser, der du bist in dem Himmel . . . .«
Wielang er so nicht gebetet hat . . . . die Worte verwirren sich ihm.
Von Neuem beginnt er: Vater unser . . . . . .
Und nocheinmal hebt er an. Nein, auch das ist vergessen. ———
Aber er liegt ja wohl Jahrhunderte schon hier. Endlos däucht i⟨h⟩m die Zeit. Die Mondnacht zählt keine Minuten. Zeitlos wie das Nichts und ohne Bewegung lastet sie über der Welt . . . . So lange, lange. Er seufzt.
Die Arme schmerzen ihn. Er löst die gefalteten Finger. Beten kann er ja doch nicht.
Jetzt kommt es über ihn so still, so schwer.
Die Augenlider[1] drücken wie Blei . . . wie Blei, . . . wie Blei . . . . .
Er schläft. –
Träume.
Er ist noch ein Kind. Krank; im Fieber. Im Eisenbettchen wirft es ihn hin und her. Er liegt doch im Eisenbettchen? – Er greift . . . . ja er fühlt ja den kühlen Eisenstab am Rande . . . .
Mutter ist ja bei ihm. Wie gut sie ihm zuspricht. I⟨h⟩m Arzenei reicht: Nimm, Kind . . . . und Limonade . . . . . so, halt dich still! – Deck dich gut, gut zu. Ah – wie warm das ist . . . . . besser, viel besser . . . .
Mutter küsst ihn . . . . küsst ihn . . . .
Mutter! Er schreit es . . . erwacht . . . . .
Jäher Schreck durchzuckt ihn . . . . .
Wo, wo – – – ist er . . . . da der matte blaue Himmel . . . . der Damm, die Schienen . . . . alles fällt ihm bei . . . .
Da braust nicht etwas. Dort, – ja ein rothes Licht – flimmert durch die Nacht . . . .
Um Gott – nicht sterben.
Zur Mutter, zur alten, guten Mutter . . . .
Weg, – weg – aber die Glieder sind ja lahm.
Da kaum dreißig Schritte noch . . . wie das braust . . . .
Alle Kraft auf . . . auf!
Gelungen! . . .
Aber nein, die Schiene ist glatt – – er fällt . . . . auf, Mutter! auf!

---

1 Augenlieder. Hs.

Da – da Brausen ... Tosen ... so laut ....
Lichtschimmer – .. auf! ..
Gott! .... Brausen ... Brausen ....
Hilfe! Mu ... tter .....
Leise geht durch den schwarzen ragenden Wald die einsame blaue Mittsommernacht.
Silber streut sie auf den wurzelgeäderten Pfad.
Sie schweigt. Die Blumen träumen Träume von Frieden und Glück.
Grau durchschneidet den Wald ein steiler ragender Erdwall.
Hin über den scheidenden Damm schleichen zwei gleißende Schlangen. Bald glimmen sie auf in blauem, heimlichen Lichte, bald tauchen sie wieder in Dämmern die langen, ringelnden Leiber ....
Aber – wehe sie haben den Frieden zerstört.
Zwischen den Schlangen da liegt ihre grausige Beute.
Formlos zerfetzt ein dunkler, blutiger Körper ....
Und Blut träuft über den Damm roth in die schweigenden Thale ...

·/·

»TO«

»Ich hab's immer g'sagt, daß es so ein End' nehmen wird,« zeterte eine Alte am Friedhofsthor. »Was ist ihm denn eigentlich g'schehn, dem Tonio? »Was ihm g'schehen ist?« fuhr die Alte den jungen Fragesteller an »das wißt's nicht? Ein Säufer war er. Jeden Tag haben's ihn im Graben aufg'funden, den . . . . Na, und jetzt hat er endlich g'nug g'habt. 's hat ihm den Rest 'geben, dem Lumpen. Ein Weib und ein kleines Kind hat er zurückg'lassen. Wird ihnen just nicht gut gehn. – Geschieht ihr recht, der Ann'. Wärs lieber z'haus blieben, hats den Saufer – Tonio heiraten müssen, hat's ja längst g'wußt, was er für einer . . . Pst! Pst! . . .« unterbrach sie ihren Redestrom und wies mit dem knochigen Finger auf ein blasses jugendliches Weib, das eben aus dem Kirchhofthor trat. »Das ist sie, die Ann'«, fügte sie leise hinzu. Die Witwe drehte sich im Augenblicke um und nahm das Kind, einen etwa fünfjährigen Knaben, der hinter ihr hergelaufen war, bei der Hand. Dann neigte sie sich zu ihm und sprach hastig einige leise Worte. – Sie ging so schnell dem Städtchen zu, daß die anderen von der Freundschaft kaum folgen konnten. Es waren ihrer genug. Lauter kleine Arbeiter und Werkleute, wie der Verstorbene. Sie schritten langsam einher und zerstreuten sich bald rechts und links in die Seitengassen.
Die Änn' aber war mit ihrem Kinde nun auch schon vor dem Hause angelangt, in dessen Erdgeschoß sich die Tischlerwerkstatt und das kleine dunstige Wohnzimmer befand. Sie trat ein und kniete mit dem Kleinen vor einem alten Madonnenstich nieder. In heißem Gebete hob sie die gefalteten Hände. Dann umarmte sie den kleinen Tonio gar heftig: Nur für dich will ich leben.« Lispelte sie. –
Und sie lebte nur für ihn. Vom frühen Morgen an, wo das Kind die großen Blauaugen aufschlug, wachte sie über ihn, bis sie ihren To, so hatte sich der Knabe selbst genannt, des Abends wieder zu Ruhe bettete. Nichts Schlimmes, nichts Hartes sollte er erfahren. Seine Kindheit sollte ihm ein schöner, ungestörter Traum sein.
Ihre Arbeit gestattete der Mutter, im Hause zu bleiben. So verlor sie ihn keinen Augenblick aus den Augen. An schönen Sommertagen durfte der Kleine im Hofe vor dem Fenster spielen. Und wie selig war Ann', wie schlug ihr Herz, wenn er mit freudegeröteten Wangen in die

Stube sprang und seine weichen, warmen Kinderlippen auf ihre bleiche Stirn drückte! Da[1] schwanden alle die bösen Falten, die Rinnen der Sorge, für Augenblicke, sie eilte selbst auf den Hof und spielte »fangen« mit ihrem Herzensto! Wie jauchzte das Kind, wenn es schneller war als Mütterchen, wenn er ihr in einer Ecke zuvorkam, und mit ausgebreiteten Armen die absichtlich Zögernde auffing. –

Die Zeit verging. To mußte in die Schule. Das war nun hart für die Mutter. Aber was half's? Und To lernte fleißig. Sein aufgeweckter Sinn faßte rasch auf. Er war bald der Liebling des Lehrers. Die Mutter nahm mit ihm jede Aufgabe selbst durch; es machte ihr so viel Freude zu sehen wie der Junge die Wörter und Sätze las und hersagte. Abends oft wenn er schlief, kniete sie vor dem Madonnenbilde. Sie dankte der Heiligen für dieses Kind, ihren Trost, und flehte, es möchte etwas recht Tüchtiges werden aus ihrem To.

Eines Tages war die Schule früher aus, als sonst. Der Knabe war einen Augenblick allein zuhause. Die Mutter bemerkte, als sie eintrat, daß er etwas eilig vor ihr verberge.

»Komm, mein Kind«, rief sie. Sie streckte ihm beide Arme entgegen.

To aber blieb stehen. Er hielt einen Gegenstand hinter dem Rücken fest.

»Nun? . . . Was trägst du dann dort? fragte Ann' plötzlich in anderm Tone.

Der Knabe errötete über und über. Er biß mit den Zähnen die Unterlippe und schwieg.

»Ist es wohl gar eine Überraschung fürs Mütterchen?« Sie bemühte sich zu scherzen. »Hast mir was mitgebracht, To, eine Blume leicht?«

Da stürzten dem Kleinen die Thränen aus den Augen. Er lief zu ihr, kniete vor sie hin und schluchzte laut und schmerzlich.

Das Weib aber löste den Gegenstand aus seinen Händen. Alle Farbe wich aus ihrem Gesicht. Sie hielt sich mit der Hand krampfhaft am nächsten Stuhle. »Gott! Gott!« stammelte sie.

Es war eine Flasche mit Branntwein.

Woher hast du das? Was wolltest du damit? fragte sie mit bebender Stimme.

Das Kind konnte nicht antworten. Thränen erstickten jeden Laut.

---

1 Das. Hs.

»Sprich!« Ann' rührte sich nicht.
»Ein Bub – hat mir's geben«, brachte To endlich mühsam hervor, ...
»und ich hab davon trunken ... weil .....«
»Du hast?« schrie das Weib.
»Ja, Mutter ...«
Ann' rang nach Luft.
»Hab' so Durst g'habt .....«
»Wirst du noch einmal?« ... Die Mutter faßte ihn heftig am Arme und zog ihn empor.
»Nie, nie« .... flüsterte der Knab' und begann von Neuem zu schluchzen.
»Geh«, sagte sie ernst.
Dann schritt sie langsam an's Fenster. Mit starrem Blicke schaute sie hinaus.
Der Kleine weinte laut.
»Mutter, Mutter«, lallte er »sei nicht bös, verzeih ..... ich werde ja nie mehr .....«
»Versprich mir's. Mir und dem lieben Gott!«
»Ja.«
»Du versprichst es?«
»Ja, ja ... verzeih.«
»Will sehen, ob du's halten wirst.«
»Verzeih.«
»Vielleicht. Jetzt mach deine Aufgabe. Wein' nicht mehr.«
Das Kind gehorchte.
Zwei Stunden später brachte sie ihn zuruhe. Sie versagte ihm aber den Nachtkuß. –
To schlief bald. Die Mutter aber lag vor dem Madonnenbilde auf den Knieen und flehte und weinte ...

II.

Seit dem Tode des Tischlers Tonio waren zwei Jahre fast verflossen. Die junge Witwe hatte manchen Bewerber abweisen müssen. Besonders einer bedrängte sie hart. Er hatte früher als Geselle bei ihrem Ehegatten gearbeitet, und war jetzt selbständig; just die Ann' wärs gewesen, die ihm so für seinen Hausstand gepaßt hätte. Aber die wollte nicht. Sie sagte ihm, er sei ihr ganz ein lieber Freund und Rater, aber heiraten möchte sie nicht mehr. Dessenohngeachtet kam er oft zu ihr und sprach nach Feierabend fast täglich in der ehemaligen Werkstatt vor. – Ann' brachte immer zuerst den kleinen To zu Ruhe, küßte ihn recht von Herzen und sang ihm, obwohl er schon ein recht großer Junge war, ein Schlummerliedchen mit ihrer wohlklingenden Stimme. – Dann ging sie in das Nebenzimmer, wo sie tagsüber Wäsche wusch, plauderte ein wenig mit dem Franzi, dem einstigen Gesellen und kehrte vor Sperrstunde in die Schlafkammer zurück.

's war an einem Winterabend. Die Mutter war eben in die vordere Stube getreten, da setzte sich To im Bettchen auf. Er schaute mit den großen Augen forschend umher und lauschte. Jetzt vernahm er die Stimme Franzi's im Nebenraum. Rasch sprang er auf die Dielen. Lautlos lief er in die eine Ecke des Zimmers, holte dort unter allerlei Zeug und Tüchern eine Flasche hervor. Diese setzte er an die Lippen. Er that lange, hastige Züge daraus. Seine Augen glänzten unheimlich. Mit tierischer Gier sogen die roten Lippen den Branntwein. Dann bückte er sich und barg die Flasche an der alten Stelle. – In taumelnden Sprüngen erreichte er das Bett. Lautlos fiel er in die Kissen. In wenigen Augenblicken bezeigte der gleichmäßige Atem, daß er schlief....
Im anderen Zimmer kämpfte Ann' einen schweren Kampf mit sich selbst. Franzi wiederholte seinen Antrag ungestümer als je. Und sie war ihm wirklich ein wenig gut, dem herzlichen Burschen. Aber hatte sie nicht geschworen, nur für ihren To zu leben. Nur für ihn!? – Dieses Bewußtsein gewann die Obmacht. Sie erklärte dem Handwerker ihren Entschluß – reichte ihm die Hand, hieß ihn gehen – und nicht so oft wiederkommen. Er bestürmte sie nochmals. Allein sie blieb fest. Franzi ging. –
Ann' trat mit leichterem Herzen, die Augen voll Thränen, in die Schlafkammer. Sonst begab sie sich gleich zu Ruhe. Heute aber drängte es sie, noch bei ihrem Kinde zu verweilen. Sie trat an das Bettchen. Wie schön er schlief! Wie die Wangen gerötet waren. Sie kniete leise nieder. Sie neigte den Kopf zu ihm, – sie wollte ihn küssen – leise so wie ein Traum küßt.
Da – was war das? War sie unsinnig? Der Athem, der diesen keuschen Lippen entfloh, roch nach Branntwein. Sie beugte sich noch mehr herab. Nein, es war keine Täuschung. Sie bebte an allen Gliedern. »To«, schrie sie »To!« Aber das trunkene Kind stieß nur einige unverständliche Töne aus.

Sie vermochte ihn nicht aus dem Weinschlaf zu rütteln.
Da erfaßte sie eine wahnsinnige Wut.
Sie sprang empor, faßte den Kleinen am Halse und stemmte die Hände mit der ganzen, verzweifelten Kraft ein.
Lallende Laute stiegen aus der Kehle des Kindes. Er schlug mit Händen und Füßen um sich.
Ann' aber ließ nicht nach. Sie preßte die Nägel fest in das Fleisch des Halses.
Jetzt schauten sie ein paar verschwommene, trübe Augen ausdruckslos an.
Das waren nicht mehr jene unschuldigen Augen. Das waren die Augen Tonio's! Sie schrie auf, aber sie ließ nicht nach. Da traten diese Augen immer mehr aus den Höhlen, der kleine Mund öffnete sich weit, weit.... Ein Ruck im ganzen Körperchen... Dann lag To still – ganz still.

Ende. ———

DER TOD

Klein=Lisbeth schlief schon. Auch ihre Mutter schlief. Stille war's in der schlichten Stube. Hie und da hörte man die Athemzüge der Schlafenden. Hie und da prasselte und knatterte die kleine Nachtlampe auf dem breiten altmodischen Legkasten. Ihr Schein zeichnete einen gelben Kreis auf die weiße, gehäkelte Tischdecke. Im Dämmerlicht glimmten auf der Platte des Schrankes einige Bilderrahmen und ein Christus am Kreuze. Gegen die Wände zu ward es immer dunkler im Zimmer. Undeutlich erkannte man die Stäbe und das Netz des Kinderbettchens, das an der Fensterwand stund. Der Fenstervorhang war nicht herabgelassen.

Eine helle Nacht. – Von den grauglänzenden Scheiben hoben sich die dünnen Stäbe eines Käfigs ab. Auf dem obersten Querholz im Inneren schattete ein kleines, schwarzes Klümpchen: das Vögelchen schlief den Kopf unter den Federn. Es rührte sich nicht. –

Stille war. – Leise und hastig tickte eine Uhr. – Jetzt schlug sie – elf mal. Lange hallte der letzte Schlag nach. Das Nachtlicht flackerte heftig. Ein Schein huschte durchs Zimmer. Ein heller Kreis tanzte über die Stubendecke.

Das kleine Vöglein erwachte, reckte das Köpfchen ein wenig, schüttelte die Federn. Dann blies es das Körperchen breit auf und entschlummerte wieder.

Jetzt klirrten die Scheiben. Das Hausthor unten war schwer ins Schloss gefallen. Es kam offenbar jemand nachhause. Schwere Schritte knarrten auf der hölzernen Treppe. Leise – dann immer lauter dann verklangen sie mählich wieder. Ein Schlüssel rasselte oben irgendwo im nächsten Stockwerk . . . .

Des Nachtlichts Flamme klagte und krümmte sich. Sie leckte an der Oberfläche des Öles hin, so dass helle Streifen durch das Zimmer glitten. – Die Mutter, deren Bette ganz im Dunkel stand, seufzte.

Die Uhr schien noch eiliger zu ticken. Das Licht auf der Platte des Legschreines knisterte und knatterte. Ohnmächtig zuckte es her und hin. Ein ganz leiser Knall: es war erlöscht. –

Dunkel in der Stube. Nur der Käfig beim Fenster ward sichtbar. Das Thierchen darinnen schlief. Die Dielen knarrten. Gerade als ginge je-

mand auf und nieder. Bald da, bald dort in der Ecke. Dann drang ein Geräusch durch die Wand oder von oben. Jetzt wieder – stille. –
Der Vogel im Käfig streckte das Köpfchen jäh aus dem Flaume. Er saß eine Weile still. – Dann flatterte er ängstlich hinter den Stäben umher. Bald prallten seine Flügel an der, bald an jener Seite an. Endlich blieb er unten im Sande. Ein leises, ängstliches Pipsen zitterte aus seiner Brust. Er reckte und streckte das Köpfchen und schlug ein paar Mal mit den Schwingen. Jetzt verstummte das Thier.
Mühsam schwang es sich auf das unterste Querholz, rüttelte sich und tauchte den Schnabel in das Wasserglas. Scheinbar erfrischt hüpfte es seitwärts und blieb an die Stangen des Bauers gelehnt. Den Kopf aber that es nicht mehr unter den Flaum.
Die Uhr tickte. Die Athemzüge der Schlafenden waren regelmäßig. Die Dielen krachten nach wie vor. Auf der Straße rollte ein Wagen vorbei.
Das Vögelchen aber war wieder im Sande. Die kleinen Füße waren nicht sichtbar. Es lag beinahe. Der Schnabel war offen und aufwärtsgerichtet: es rang nach Luft. Von Zeit zu Zeit stieß es einen sanften, klagenden Laut aus. Dann begann ein unaufhörliches Pipsen – fast so schnell wie das Ticken der Uhr.
Die schwere Finsterniss lastete auf der kleinen Brust. Das arme Herzchen pochte heftig hinter den zarten Rippen. Die schwarzen Augen waren offen.
Und da schien ihm, es stiege langsam etwas Schwarzes unter dem Tische, auf dem sein Bauer stand, herfür. Ganz langsam. Ein unförmiger, körperloser Schatten. Sein Pipsen wurde lauter. Bebend flatterte es über dem Sande her und hin.
Erschöpft hockte es endlich in einer Ecke. Der Schnabel haschte Luft; aber die Augen waren zu.
Ein Geräusch . . . . die Uhr schlug – zwölfmal.
Das Thier öffnete die Augen. Ein schriller Schrei gellte aus seiner Kehle – da . . . . da . . . .
Die Mutter war erwacht. Sie setzte sich auf. Im Zimmer war es sehr dunkel. Das Fenster war gar nicht zu sehn. Wohl kein Mondschein mehr – dachte sie. Sie wandte sich im Bette. Die Bretter krachten. –
Wieder ruhige Athemzüge.
Das Vöglein war vor Schreck verstummt. Da – über ihm schwebte dicht der Schatten. Wie ein Tuch, wie ein schwarzes Tuch. Aber nein, es war kein Schatten mehr, auch kein Tuch. Wie ein großer, schwerer

Futtertrog sah es aus. Nein, jetzt, jetzt wie eine Kugel, und da dehnte sich etwas nach rechts, – nach links, – wie Flügel: ein Vogel schien es ein großer, dunkler Vogel . . .
Das kleine, arme Thier im Bauer zitterte. Es konnte sich nicht rühren, auch nicht schreien, und der Schnabel stand doch so weit offen!
Da kam ihm auf einmal der Wald in den Sinn und Blättergrün und Sonnengold, und dann das kleine Mädchen, das immer mit ihm spielte, – und die Apfelschnitte, die sie ihm sonntags brachte, – und . . .
Der große, schwarze Vogel hatte des Käfigs Stäbe durchdrungen. Er war ganz nahe. Immer tiefer sank er so schwarz, so schwer . . . . .
Noch einmal schüttelte der gequälte Kleine seine Federn. – Er hob das Köpfchen, – da schlugen die Schwingen des schrecklichen, schwarzen Schattens ganz über ihm zusammen – ganz – ganz . . . . . .
»Mutter, Mutter!« fuhr Klein=Lisbeth in die Höhe.
»»Was? Mein Kind.««
»Mir ist so angst.«
»»Wirst schlimm geträumt haben,«« begütigte die Mutter. »»Leg dich auf die andere Seite und schlaf wieder ein.««
Das Kind gehorchte. – Stille. –
Ruhige Athemzüge.
Die Uhr tickt langsamer und schläfrig.
Mählich wird es heller in der Nähe des Fensters. Graues Morgenlicht sickert durch die Scheiben. Endlich sieht auch ein Sonnenstrahl herein. Aber erschrocken fährt er zurück.
Im Bauer auf dem Sande liegt seitlich hingestreckt das kleine Vöglein, den Schnabel offen. Die Augen und die Federn am Kopfe sind voll Sandes.
Todt. –
Lisbeth erwacht.
Sie fährt mit der Hand über die weichen, schlafrothen Wangen.
Langsam kniet sie auf im Eisenbettchen.
Jetzt spricht sie ihr Morgengebet.
Damit sie die Mutter nicht wecke, leise, – ganz leise ——

Ende.

DIE GOLDENE KISTE

Es war Frühling. – Selig lächelte die Sonne vom durchscheinenden, tiefblauen Himmel, selten aber verirrten sich ihre Strahlen bis zu dem Zwischenstocke jenes Hauses in der schmalen Seitengasse. Wenn einmal ein Lichtschimmer sprühend durch die kleinen Scheiben drang und auf die getünchte Rückwand des bescheidenen Zimmers huschende Kreise warf, so kam er gewiß schon aus zweiter Hand, er ward nämlich zurückgeworfen von irgend einem Fenster des gegenüberliegenden, hohen Hauses. Um so mehr freute sich der Kleine, der an dem Fenster des Zwischenstockes Tag für Tag spielte, über das muntere Treiben der zuckenden, lichten Flecke an der Wand und sprang empor und haschte nach ihnen und lachte dabei so aus voller Seele, daß selbst in das traurige Gesicht seines Mütterchens sich ein Widerschein dieses Lachens stahl.

Ein Jahr kaum war sie Witwe. Mit dem Tode des teuren Gatten brach auch der mäßige Wohlstand zusammen, den er durch seine Arbeit begründet hatte. Sie mußte die geräumige Wohnung mit diesem Zimmer vertauschen, und durch der eigenen Hände Mühen die wenigen früher ersparten Groschen mehren, um sich – und vor allem ihrem Kinde, dem kleinen, fünfjährigen Willy, das Notwendigste nicht versagen zu müssen. Was Wunder, wenn dieses Kind jetzt ihren ganzen Trost ausmachte!

Eben hob sie die matten Augen von der Arbeit und betrachtete mit liebevollem, innigem Blick den Kleinen, wie er, das frische Gesichtchen auf die fleischigen Fäustchen gestützt, am Fenster lehnte. –

Heute war es indessen nicht das Spiel der Sonne, das ihn so sehr beschäftigte, daß er sogar sein Pferdchen, welches auf dem Fensterbrett umgestürzt war, nicht beachtete. – Heute ging da draußen etwas Ungewöhnliches vor. Drüben im Hause war neulich ein Gewölbe leer geworden. Ein Tuchhändler hatte seinen Verkaufsraum in eine andere Straße verlegt, und seither hatte man dort geputzt, gescheuert, und hatte zum großen Vergnügen des Knaben die Bretter, welche die beiden Schaufenster des Nachts und Sonntags verdecken sollten, erst abgeschalt, dann schmutzig gelb und endlich mit tiefschwarzer, schöner Farbe bestrichen. – Hatte schon das das Interesse Willy's wachgerufen, so kannte heute sein Entzücken keine Grenzen mehr, als hinter den glänzenden Scheiben dort drüben goldene und silberne Kästchen und Kästen, – alle mit sechs Kanten, nicht sehr hoch und bald länger, bald kürzer, auftauchten. – Und nun als die Männer gar einen kleinen ganz goldenen Kasten, auf dem zwei schöne, wunderschöne Englein knieten, in das eine Auslagefenster emporgehoben, – da konnte er sich nicht enthalten, in die Händchen zu klatschen.

»Mutter, Mutter – sieh doch, sieh! Was ist das? dieses liebe, kleine Kästchen mit den zwei Englein drauf?«

Und er war nicht wenig erstaunt, als die Mutter, die aufgestanden war, gar nicht lachte, als sie die hübschen glänzenden Kistchen erblickte. Nein, eine Träne trat sogar unter den geröteten Liderrändern hervor.

»Was ist das?« wiederholte zaghaft und in kleinlautem Tone das Kind.

»Siehst du, Willy,« sagte die Mutter ernst und fuhr mit dem Taschentuch leicht über die Augen, »da hinein in diese Truhen, da legen die Leute die Menschen, die der liebe Gott wieder zu sich nimmt von der Erde – Große und Kleine.«

»Dahinein?« flüsterte der Knabe, während seine Blicke noch immer mit Wohlgefallen auf dem Schaufenster ruhten. –

»Ja,« – fuhr die Mutter fort, – »auch den Papa haben sie in solch eine Truhe . . .«

»Aber,« unterbrach sie der Kleine, dessen Gedanken noch bei der ersten Erklärung weilten, »warum nimmt denn der liebe Gott *kleine* auch zu sich. *Die* müssen wohl sehr brav sein, wenn sie so bald in diese schöne Kiste kommen und dann im Himmel gleich Englein sein dürfen? Nichtwahr?«

Die Mutter umfaßte ihr Kind innig und herzlich.

Sie kniete nieder und schloß mit einem langen Kusse die frischen Lippen. – Der Kleine fragte nicht mehr. – Er wandte sich rasch wieder dem Fenster zu und blickte auf die großen Auslagescheiben. Ein glückliches vergnügtes Lächeln strahlte auf seinem Gesichtchen. –

Die Mutter aber saß wieder über ihre Arbeit gebeugt. Plötzlich aber schaute sie auf.

Tränen rollten über ihre bleichen Wangen.

Sie ließ den Stoff sinken, faltete die Hände und sprach leise mit bebender Stimme: »Lieber Gott, erhalte mir ihn!« –

*

Eine dunkle, sternenlose Septembernacht. – In den Zimmern des Zwischenstockes war es still. Nur das Ticken der Wanduhr vernahm man und das Ächzen des Kindes, das dort vom Fieber gerüttelt im kleinen Bettchen sich wälzte. Die Mutter beugte sich über den armen Willy. – Der rötliche Schein der müden Nachtlampe huschte über ihr abgezehrtes Gesicht. »Willy! Mein Kind, mein Herz, – willst du etwas?« Nur unzusammenhängende wirre Laute. »Hast du Schmerzen?« – Keine Antwort.

»Gott, mein Gott, wie kam denn das nur alles!« Rasch und verworren hastet es durch die Erinnerung der gequälten Frau. – Ja, jener Abend. Nach dem Spiel. Kaum eine Woche ist es. – Wie erhitzt er war, – und der Herbstnebel, sagt der Doktor. – Und jetzt, jetzt – er gibt keine Hoffnung mehr. Wenn nicht die gesunde Natur ... sie konnte es nicht begreifen. Hat er nicht gerufen? –

Da, wieder, ganz leise: »Mutter!«

»Was ist denn, mein Kind?«

»Das war .... das war schön«, stammelte der Kleine, während er sich mühsam aufsetzte und das fieberrote Gesichtchen an den Arm der Mutter lehnte.

»Der liebe Himmelvater hat mir gesagt, ich soll zu ihm kommen. Nicht wahr, ich darf, Mamachen!

Erlaub ... bitte«, und er faltete die kleinen, heißen Hände.

Da erfaßte ihn das Fieber von neuem. Er sank zurück. Die arme Mutter breitete sorgfältig die Decke über ihn. – Dann, von ihrem Schmerze übermannt, glitt sie auf die Knie und, beide Hände krampfhaft an den Rand des Eisenbettchens gekrallt, betete sie leise ... wirr, unzusammenhängend.

Die Uhr schlug acht mal. Durch das Fenster drang spärlich das fahle Licht des Herbsttages. Die Dielen erschienen grau, und die Gegenstände warfen schwere, schwarze Schatten. – Die Frau dort erhob sich von den Knien, setzte sich wieder zur Seite des Bettchens hin und starrte mit tränenlosen, brennenden Augen ins Leere. Der Kleine schlief jetzt etwas ruhiger. Sein Atem aber ging sehr schnell, die Stirne war heiß und die Wangen gerötet. – Die Mutter legte die Hand leise auf die blonden, zerzausten Locken, und saß still. Nur wenn zu laute Stimmen auf der Treppe widerhallten oder eine Tür im Hause jäh zuschlug – zuckte sie zusammen.

»Papa, Papa!« schrie das Kind auf einmal und warf sich auf die andere Seite. Die Witwe erschrak. Willy aber lag wieder ruhig. Auf der Straße

fuhr ein Wagen vorüber. Das Rasseln verhallte allmählig. Das Rauschen der Besen klang über den Gangsteig.
»Lieber Gott, – lieber Gott, bitte!« stöhnte der Kleine. »Ich .. ich .. war brav . . . Du kannst die Mutter fragen!« – Die Mutter faltete zitternd die Hände. Jetzt öffnete Willy langsam die Augen. Erstaunt schaute er umher. »Ich war im Himmel, Mutter,« flüsterte das Kind – »im Himmel . . . aber nicht wahr . . . nicht wahr,« sprach das Kind lebhaft, »du wirst mich auch in die schöne, goldene Kiste legen, Mama – weißt du, die dort drüben.« Er lächelte beglückt: »In die, wo die zwei Englein darauf sind.« Die Mutter schluchzte laut auf. – »In die, versprich mir . . .« In entsetzlicher Angst faßte die Witwe die beiden Händchen ihres Lieblings fest. – »Gott! Gott!« betete sie. Mehr konnte sie nicht sagen. Da empfand sie, wie ein kalter Schauer durch die Hände des Kindes ging, – ein Zucken – sie schrie auf.
Alle Röte war aus den Wangen des Kindes gewichen. Die Lippen bewegten sich noch – dann ward es ganz still.
Sie starrte das kleine Körperchen an. –
Eiseskälte schien davon auszugehen. –
Sie umfaßte die kleinen Glieder und drückte sie an sich. Umsonst! Nur das Lächeln blieb um die starren Lippen der kleinen Leiche, – dieses glückselige Lächeln! –
. . . . Und die farblose Herbstsonne glitzerte drüben auf den Särgen und auch auf dem schönen, kleinen, goldenen. – Die große Spiegelscheibe warf den Strahl zurück in das Zimmer im Zwischenstocke, und der fahle Schein huschte ängstlich über das bleiche Gesichtchen des armen kleinen Willy – und verlor sich allmählich auf der weißen Fläche der Wand . . . . .

PIERRE DUMONT

Die Lokomotive schmetterte einen schier endlosen Pfiff in die blaue Luft des schwülen, lichtflimmernden Augustmittags. – Pierre saß mit seiner Mutter in einem Abteil zweiter Klasse. Die Mutter eine kleine, bewegliche Frau in schlichtem, schwarzem Tuchkleide, mit einem blassen, guten Gesicht und erloschenen trüben Augen, – Offizierswitwe. Ihr Sohn ein kaum elfjähriger Knirps in der Uniform der Militär-Erziehungsanstalten.

»Da sind wir«, sagte Pierre laut und freudig und hob sein schlichtes graues Kofferchen aus dem Garnnetz. In großen, steifen, ärarischen Lettern stand darauf zu lesen: *Pierre Dumont. I. Jahrgang N$^{\underline{o}}$ 20.* – Die Mutter sah schweigend vor sich hin. Jetzt kamen ihr die großen, eigensinnigen Buchstaben vor Augen, als der Kleine das Gepäcksstück auf den Sitz gegenüber stellte. Sie hatte sie schon hundertmal wohl auf der mehrstündigen Reise gelesen. Und sie seufzte. – Sie war nicht gerade empfindsam und hatte an der Seite des verstorbenen Kapitäns das Wesen des Soldatenlebens kennen gelernt und sich daran gewöhnt. Aber das that ihrem Mutterstolze doch weh, dass ihr Pierre, dessen kleine Person eine gar bedeutende Persönlichkeit in ihrem Herzen darstellte, so zur Nummer herabgedrückt worden war. – *N$^{\underline{o}}$ 20.* Wie das klang!

Pierre stand indessen am Fenster und schaute in die Gegend hinaus. Sie waren hart vor der Station. Der Zug fuhr langsamer und polterte über die Wechsel. Draußen glitten grüne Grasdämme, weite Flächen und winzige Häuschen vorüber, an deren Thüren riesige Sonnenblumen mit ihren gelben Heiligenscheinen als Wächter standen. Die Thüren aber waren so klein, dass Pierre dachte, er müsste sich wohl gar auch bücken, um eintreten zu können. – Da verloren sich schon die Häuschen. – Schwarze, rauchige Magazine kamen mit vielfach getheilten, blinden Scheiben, die Bahn wurde immer breiter, ein Geleise wuchs neben dem andern hervor, und endlich fuhren sie mit lautem Brausen und Zischen in die Bahnhofhalle des kleinen Städtchens ein. –

»Wir wollen heute noch recht, recht lustig sein, Mama«, flüsterte der Kleine und umfasste die erschrockene Frau mit stürmischem Ungestüm. – Dann hob er den Koffer heraus und war seinem Mütterchen

beim Aussteigen behilflich. Mit stolzer Miene reichte er ihr dann den Arm, den Frau Dumont, obwohl sie nicht groß war, nur insoweit annehmen konnte, dass sie ihrem Kavalier die linke Hand unter die Achsel schob. – Ein Diener hatte sich des Koffers bemächtigt. – So wanderten sie denn durch den glutheißen Mittag die staubige Straße dem Gasthofe zu. –
»Was wollen wir speisen, Mutter?«
»Was du willst, Liebling!«
Und jetzt erörterte Pierre alle seine Lieblingsspeisen, mit denen man ihn zuhause während der zweimonatlichen Ferien gefüttert hatte. Ob das und jenes hier auch zu haben wäre. Und man sprach von der Suppe bis zum Apfelkuchen mit der Crêmehaube alles mit lukullischer Genauigkeit durch. – Der kleine Soldat war voll des Scherzes; diese Lieblingsgerichte schienen die Wirbelsäule seines Lebens zu bilden, an deren Grundstock sich erst alle anderen Ereignisse anfügten. Denn immer wieder begann er: Weißt du, als wir das und das zum letztenmale aßen, da war dies und jenes geschehen. Freilich kam ihm dabei auch in den Sinn, dass er ja heute für vier Monate zum letzten Mal solcher Genüsse sich erfreuen würde, – und dann ward er ein wenig still und seufzte ganz leise. – Aber der sonnige, fröhliche Sommertag verfehlte seine Wirkung auf das Kindergemüth nicht, und er schwatzte bald wieder in übermüthiger Weise fort und durchdachte die schönen Tage des schwindenden Urlaubs. Jetzt war es zwei Uhr mittags. Um sieben Uhr musste er in der Kaserne sein – also noch fünf Stunden. – Fünfmal also musste der große Zeiger noch rund ums Zifferblatt laufen – – das ist ja noch sehr, sehr lange. –
Das Essen war vorüber. Pierre hatte tüchtig zugesprochen. Nur als die Mutter ihm den rothen Wein einschenkte, mit nassen Augen ein wenig das Glas hob und ihn bedeutungsvoll anschaute, da blieb ihm der Bissen in der Kehle stecken. – Sein Blick wanderte durchs Zimmer. Auf dem Zifferblatt blieb er haften: es war drei Uhr. Viermal muss der Zeiger... dachte er. Das gab ihm Muth. Er hob seinen Kelch und stieß etwas heftig an. »Auf recht frohes Wiedersehen, Mütterchen!« Seine Stimme klang hart und verändert. Und rasch küsste er, als fürchtete er wieder weich zu werden, die kleine Frau auf die bleiche Stirne.
Nach dem Essen gingen sie selbander am Flussufer auf und nieder. Wenig Leute begegneten ihnen. Sie konnten ganz ungestört miteinander sprechen. Aber das Gespräch stockte oft. Pierre trug den Kopf hoch, hielt beide Hände in den Hosentaschen und schaute mit großen,

blauen Augen geistesabwesend hinüber über den glastenden Fluss auf die violetten Hänge des jenseitigen Ufers. Frau Dumont aber bemerkte, wie in der Allee, welche sie durchschritten, die Blätter schon gelb und matt wurden. Hie und da lagen sogar schon welche auf dem Wege; als eines unter ihrem Fuße knirschte, erschrak sie.

»Es wird Herbst«, sagte sie leise.

»Ja«, murmelte Pierre zwischen den Zähnen.

»Aber wir haben einen schönen Sommer gehabt –«, fuhr Frau Dumont fast verlegen fort.

Ihr Sohn antwortete nicht.

»Mutter,« er wandte ihr das Gesicht nicht zu, während er so sprach, »Mutter, der lieben Julie sagst du meine Grüße – nichtwahr.« – Er verstummte und ward roth.

Die Mutter lächelte: »Du kannst dich darauf verlassen, mein Pierre.« Julie war ein Cousinchen, für das der kleine Kavalier schwärmte. Er hatte ihr oft Fensterpromenaden gemacht, hatte mit ihr Ball gespielt, ihr Blumen geschenkt und trug – das wusste nicht einmal Frau Dumont – Cousinchens Bild in der linken Brusttasche des Waffenrockkes.

»Julie kommt ja gewiss auch außer Haus«, meinte die Mutter, froh, den Kleinen auf dieses Thema gebracht zu haben. »Sie kommt zu den Englischen Fräuleins oder Sacrecœur .....« Die Witwe kannte ihren Pierre. Der Umstand, dass die Angebetete ein ähnliches Los ertragen sollte, tröstete ihn, und er machte sich im Stillen Vorwürfe über seine Kleinmüthigkeit. Mit kindischer Phantasie übersprang er die bevorstehenden Schulmonate:

»Aber wenn ich zu Weihnachten nach Hause komme, wird Julie doch auch da sein!?«

»Gewiss. –«

»Und du wirst sie einladen, bestes Mamachen, am Weihnachtsabend, ja?«

»Sie hat mir schon im vorhinein zugesagt und mir versprechen müssen, dass sie sich recht lange bei ihrer Mutter ausbittet.«

»Herrlich!« jubelte der Knabe, und seine Augen glänzten.

»Dir werd ich einen schönen Christbaum vorrichten, und wenn du sehr brav bist .....«

»Am Ende .... die neue Uniform!«

»Wer weiß, wer weiß –« lächelte die kleine Frau.

»Herzensmütterchen!« rief der junge Held und scheute sich nicht, mitten auf dem Promenadenweg Frau Dumont stürmisch zu küssen, – »du bist so gut!....«

»Sei nur fein brav, Pierre!« sagte die Mutter ernst.

»Und wie! Lernen will ich....«

»Mathematik, weißt du, das geht dir schwer!«

»Es wird Alles ganz trefflich werden, du wirst sehen.«

»Und dass du dich nicht verkühlst, jetzt kommt die kältere Jahreszeit, – zieh dich nur immer warm an. – Nachts steck dir die Decke wohl ein, damit du dich nicht abdeckst!«

»Ohne Sorge, ohne Sorge!« Und Pierre begann wieder von den Begebnissen des Urlaubs zu reden. Da gabs so viel des Drolligen und Spaßhaften, dass beide, Mutter und Sohn, herzhaft lachten.... Plötzlich fuhr er zusammen. Vom Kirchturm wogten volle Glockentöne.

»Sie läuten sechs«, sagte er und versuchte zu lächeln. »Komm zum Zuckerbäcker.«

»Ja, dort gibt es die guten Crêmerollen. Zum letzten Mal aß ich sie, als wir den Ausflug machten mit Julie...«

Pierre saß auf dem dünnbeinigen Rohrstühlchen im Gewölbe des Bäckers und kaute mit runden Backen. – Er hatte eigentlich schon genug, und nach manchem Bissen musste er tief Athem holen; – aber es war ja zum letzten Mal – und er aß fort.

»Es freut mich, dass es dir schmeckt, Kind«, sagte Frau Dumont, die an einer Tasse Kaffee nippte.

Pierre aber aß fort. –

Einmal schlugs vom Turm. »Halb sieben«, murmelte der Urlauber und seufzte. Der Magen war ihm furchtbar schwer. – Nun, sie würden ja jetzt noch gehen...

Und sie gingen. – Der Augustabend war lau, und ein wohlthuendes Lüftchen strich in den Bäumen der Allee.

»Ist dir nicht kühl, Mutter?« fragte der Kleine gedankenlos.

»Mach dir keine Sorgen, Liebling.«

»Was wird denn Belly machen?« Belly war ein kleiner Rattler.

»Ich hab ihn der Magd anbefohlen, sie giebt ihm sein gewöhnliches Fressen und führt ihn spazieren...«

»Sag dem Belly, ich lass ihn grüßen, – er soll schön brav sein...« Er versuchte zu scherzen, aber er brach jäh ab. –

»Hast du Alles beisammen, Pierre?« Fern tauchte schon die eintönige graue Front der Kaserne auf. »Dein Certificat?«

»Alles, Mutter!«

»Musst du dich noch melden heute?«
»Ja, gleich.«
»Und morgen hast du wieder Schule?«
»Ja!«
»Und du schreibst mir?«
»Du auch, Mamachen – bitte! – Gleich wie du ankommst.«
»Natürlich, liebes Kind.«
»Ich glaube, der Brief dauert doch immer zwei Tage.«
Die Mutter konnte nicht reden; es schnürte ihr die Kehle.
Jetzt waren sie dicht am Portal!
»Dank dir, Mama, für den schönen Tag.« Dem armen Kleinen war elend zu Muthe; offenbar hatte er zu viel gegessen. Er hatte heftige Magenschmerzen, und die Füße zitterten ihm. –
»Du bist blass –« sagte Frau Dumont.
»Nicht doch.« Das war eine arge Lüge, er wusste es.
Wie es ihm zu Kopf stieg! Er konnte sich kaum auf den Beinen halten.
»Mir ist wirklich . . . . . .« Da schlug es sieben!
Sie lagen sich beide in den Armen und weinten.
»Mein Kind!« schluchzte die arme Frau.
»Mama, ich bin ja in hundertzwanzig Tagen . . .«
»Sei brav, bleib gesund . . . . .« und mit zitternder Hand machte sie dem Kleinen das Kreuzeszeichen . . . .
Pierre aber riss sich los: »– Ich muss laufen, Mutter, sonst bekomm ich Strafe«, stammelte er, ». . . . . und schreib mir, Mutter, und Julie, weißt du, und Belly –« Noch ein Kuss, und fort war er.
»Mit Gott!« – Er vernahm es nicht mehr. –
Am Thore schaute er sich noch einmal um. Er sah die kleine schwarze Gestalt dort zwischen den verdämmernden Bäumen – und schluckte hastig die Thränen hinunter . . . .
Aber es war ihm doch sehr schlecht.
Er taumelte in den breiten Flur hinein . . . . er war so müde . . . .
»Dumont!« rief eine brutale Stimme.
Der Unteroffizier von der Thorwache stand vor ihm.
»Dumont! Zum Teufel, wissen Sie nicht, dass Sie sich zu melden haben? . . .«

DER BALL

»Du bist mir unbegreiflich, Lisbeth.« Raunte die Witwe Frau Berg von ihrem Romanband unwillig aufblickend. »Einfach unbegreiflich – ein 16=jähriges Mädchen weigert sich den ersten Ball zu besuchen. Mein Gott, da war ich doch ganz anders in deinem Alter – und heute noch, heute noch freu' ich mich auf jeden Ball – obwohl es lächerlich klingt – als Mutter einer so großen Tochter . . . . .« Die »große Tochter« schaute stumm in einen Winkel des geräumigen Zimmers. Und Frau Berg fuhr fort: »Es ist einmal die Zeit da, wo es Sitte ist dich der Welt, der Gesellschaft vorzustellen. Und ob es Dir nun zweimal genehm ist, oder nicht – gegen den Zwang, den althergebrachte Gepflogenheit und Lebensweise auf uns ausüben, darf man nicht ankämpfen. Was würden denn die Leute munkeln. Wie die Leute schon sind! Da heißts dann nicht, sie will einfach nicht. Da kommen dann lauter »aha« und Mutmaßungen. Willst du, dass wir uns unsterblich lächerlich machen?
Lisbeth wippte ein wenig die vollen, runden Schultern.
Die Mutter achtete dessen wenig. – Merk, Dir Kind; l'appetit vient en mangeant . . . .« wenn du jetzt auch wenig Lust hast; – du hast eben noch keine Ahnung von der Art des Vergnügens, das jedem jungen Mädchen das höchste sein muss, – muss, sag' ich. – Dein Kleid ist bereit. – Die Blumen sind bestellt, der Wagen fährt um 9 Uhr vor – bis dahin . . . . .«
Sie ließ die Rede unvollendet und las weiter.
Das blonde Mädchen aber ging leise und lautlos über den dicken dunkeln Teppich der Thür zu.
Dort wandte sie sich noch einmal um.
»Mama.«
Keine Antwort.
Und da drückte sie die Klinke herab und ging. Sie hastete über die schmale eherne Ringeltreppe in ihr kleines Stübchen. Dort schlug sie die Hände vors Gesicht und weinte herzbrechend. –
»Fräulein« stammelte die alte Martha, die gekommen war beim Ankleiden behilflich zu sein, – erschrocken, »Fräuleinchen, so in Thränen – heute?«

Und jetzt löste sich die bange Angst wie eine Lavine von der Seele des Mädchens. – In übereilten, unverständlichen Worten stürzte hervor, was sie dunkel und unsicher fühlte.

»Schau, Martha«, und sie legte den weichen Arm um die alte, treue Dienerin. »Ich bin sonderbar. Ich bin nicht wie die Andern. Auch auf der Straße, – wenn ein Mann mir nahe kommt da . . . . ich bebe, weißt du, – und wenn mich jetzt ein Mann umfängt und an sich presst – ich fürchte . . . . Martha, versteh mich, ich weiß nicht, was in mir ist. Ein Trieb . . . . und keine Kraft . . . . . Martha, es wird über mich kommen wie ein Taumel, ein Rausch . . . . Gott! Gott! *Muss* es denn sein. –«

Die Alte schaute groß und verständnislos aus rothen, thränigen Lidern[1]. »Kannst du das nicht begreifen, – drängte Lisbeth – ich sag dir in mir gährt ein so warmes Blut – wenn mich einer umfängt, wenn ich seinen Athem spüren werde – . . . . .

Und ich habe keine Kraft!

Wie soll ich dir sagen: Alles verlangt in mir . . . . Martha ich werde schlecht werden, so schlecht, dass du mich nicht anschauen wirst, – mich deine alte, gute, kleine Lisbeth.

»Jesus Maria!« Schrie die Alte.

Und dann kam Frau Berg; sie überwachte das Ankleiden der Tochter. Sie selbst war fast fertig. Der violette, schwere Attlas schmiegte sich fest an den üppigen Leib, der noch immer schönen Frau.

»Hast du alles nach Wunsch, Lisbeth?«

»Ja, Mutter!«

Sind die Blumen angekommen?

Ja.

Eile dich ein wenig. – Was hast du denn so lange hier gethan, ich wähnte dich fertig. Eile dich. Es ist ½ 9. –

Ja! –

Ich erwarte dich in meinem Zimmer. Und heitre Mienen will ich sehen, Kind! Verstehst du? – Mit solchen Leichenbitterzügen geht man nicht auf den ersten Ball. Zum Spott der Leute!

Und Frau Berg rauschte hinaus.

Lisbeth stand vor dem großen Spiegel. Die Reflexe der Kerzen huschten um ihre herrlichen Schultern.

Ihr fröstelte.

---

1 Liedern. Hs.

Mit bebenden Fingern hakte[1] sie die weiße Seide zusammen.
Die alte Martha drehte sich unbeholfen um sie herum.
Sie half wenig.
Sie brummte nur fort durch zahnlose Kiefer: »Jesus Maria.«

Kurz vor Mitternacht. –
Gemurmel, Verbeugungen, Instrumentestimmen. Das Alles durch einander. Man ordnet sich wieder. – Paar neben Paar. Ein Dunst ist im Saal. Und ein schwüler Geruch von[2] Parfums und lebendigem, schweißigem Fleische. – Schimmernde Schultern spähen aus den Engelsausschnitten. Weißes Licht schwelgt auf ihnen. – Die Lampen spiegeln sich in den Diamanten der Frauen und den Kahlköpfen der Männer. Schwarze Fracks dämmern wie Tintenklexe mitten hinein und neben ihnen prunken grelle, geschmaklose Uniformen. Und alles wogt und wirbelt und wandelt sich jede Sekunde.
Lisbeth lehnt abseits im blauen Zimmer. Matt, fast ohnmächtig. Und neben ihr einer jener Allerweltsgecken. Mit großen dunklen Augen und durchscheinender Haut an den Schläfen. Er spricht zu ihr süße, geheimnisvolle Worte. Die rinnen ihr in die Ohren und perlen ihr heiß durch alle Glieder. – Durch die Glieder die noch die Berührung der seinen fühlen vom letzten, rasenden Galopp her.
Und sie schloss die Augen.
Ein wonniges Prickeln zuckte in ihr.
Fern klang Musik und Stimmen. Aber so fern.
Und nur seine Stimme war nah, seine gedämpfte Stimme . . . .
Und jetzt war das nicht sein Arm, was sie da am Halse fühlte . . . . .
Gott! Und sie sträubte sich.
Aber ihr Blut kochte, und sie hatte keine Kraft. –
So – so war ihr ja gut!
Und sie wehrte sich nichtmehr. Die Sinne vergingen ihr. Sie hörte Musik. Aber nicht jene aus dem Saal herüber. Nein, es fügten sich leise neue Rythmen in ihren Ohren, die sie nie gehört. Leise, leise . . . . .
Und ein Ermatten kam. Sie dachte: ich bin tod.
Ich bin tod. –
Aber dann rieselte es auf einmal durch ihren Leib.
Leben.

---

1 hackte. Hs.
2 vom. Hs.

Sie wusste dass sie lebte!
Lust lebte – unsägliche Lust!
Und dann zerschmolz dieses Bewusstsein wieder mählich in heißen Küssen . . . . .

»Du bist blass, Lisbeth« sagte Frau Berg mitten aus der anregenden Unterhaltung heraus, die sie mit mehreren Herren führte. – »Ich habe dich bei den letzten Tänzen ganz aus den Augen verloren, mit wem tanztest du? –
Das Mädchen stammelte einen Namen.
»Nein, wirklich das Fräulein ist sehr blass.« Meinte einer der Herren obenhin.
»Was ist dir?« fragte die Mutter jetzt scharf.
»Ich bin müd. –«
»Müd?«
»Das ist die Jugend von Heute« lachte die üppige Frau; nun ich muss mich fügen!«
»Gehen wir!«
Und Lisbeth wankte halbgeschlossenen Auges hinter der Mutter her.

Die Witwe hatte sich gleich zuruhe begeben. – Kalt hatte sie ihr Kind verabschiedet. – Sie wäre noch gern ein wenig geblieben. – Und da wird Lisbeth müd . . . . müd . . . .
Droben aber im Stübchen saß Lisbeth. Noch immer in weißer Seide. Sie krampfte die Finger in ihr Blondhaar. Sie sprach kein Wort; aber die alte Martha wusste Alles. Sie rang verzweifelt die Hände. – Das Mädchen aber kauerte zitternd am Fenster. Lange, lange. Und sie starrte hinaus in den fahlen, farblosen späten Febermorgen – wie man in ein verdorbenes, verlorenes Leben schaut . . . .

DER BETTELTONI

Der Betteltoni! – Hab' ihn nie anders nennen hören. Er wohnte drei Stunden dorfab in einer kleinen, ärmlichen Chaluppe, die an einem riesigen Schieferfelsen klebte – wie ein Schwalbennest. Hart an der Hütte zog sich ein gelber Streifen Feldes. Der war dem Toni zu eigen. Wenn der bestellt und besorgt war, dann pflegte er sich im Dorfe zu verdingen. Die Leute kannten ihn alle – und stießen sich an, wenn er mit schwerfälligem, schleppendem[1] Schritt, die großen Kinderaugen ins Weite gerichtet, daherkam. Er aber kümmerte sich wenig um sie – und sah sich nicht einmal nach den rothwangigen Dirnen um, die dem drolligen Burschen laut nachkicherten! Der Betteltoni hatte nur zwei Wesen ins Herz geschlossen, und für die sorgte er tüchtig: den Miko, den alten Gaul, den er noch vom Vater selig her besaß – und sein Mütterchen.

Heute munkelte man im Dorfe Tonis Mutter sei tod. Und wirklich! In der Chaluppe draußen stand im untersten Gelass über zwei Stühlen eine schwarze Truhe. Sie war bereits verschlossen und die leichtsinnigen Sonnenstrahlen des blauen Sommertages flochten goldene Ranken um das silberne, große Kreuz, das auf dem Deckel gemalt war. Kaum einen Schritt davor saß Toni. Die Ellenbogen auf die Knie, das knochige Kinn in die rothen Fäuste gestemmt. Thränen standen ihm hell in den Augen; er dachte an die kleine Frau mit den tausendfaltigen, grauen Wangen, dem trippelnden Gang – und wie sie so immer kleiner geworden war und immer zittriger und kindischer . . . . . . So brütete der Bursche.

Glock Zwölf erhob er sich. Er hatte einen Wunsch der Toten zu erfüllen: Unten im zweitnächsten Dorf, war sie geboren worden, die Mutter, – dorthin sollte er sie auch auf dem Gottesacker zu Ruhe bringen . . . .

Er machte ein Kreuz über Stirn und Brust. – Dann streckte er die breiten Arme nach rechts, nach links, gähnte, – und sann nach: Also, den Miko einspannen in den Streuwagen, die Truhe drauf – und dann überland fahren. – Er zählte an den dicken Fingern: eine Stund', zwei,

---

[1] schleppenden. Hs.

drei, vier – fünf . . . . Teufel, dass das dem Gaul nur nicht zu viel wird . . . . Und er zählte noch mal. Ja, es waren fünf Stunden . . . . . Toni machte ein sehr besorgtes Gesicht. Dann aber brummte er etwas. Es muss! Es muss! Er kann ja dann unten, wenn die Mutter den Frieden hat, übernachten und morgen früh erst heim . . . . Er nickte sich verständnisvoll zu. Dann zog er den Streuwagen heraus, schürte den dürren, langhaarigen Braun an, holte die schwarze Kiste und legte sie quer auf das Gefährt. Ist ja gar nicht schwer – dachte er . . . . .
Eine halbe Stunde später war der Toni mit seinem Fahrzeug mitten im sonnigen schwülen Staub der baumlosen Landstraße. Es ging langsam vorwärts, ganz langsam. Die paar Bauern, die dem traurigen Zuge begegneten hielten an und entblößten den Kopf. Die Weiber knieten am Straßenrand hin. Der Betteltoni bemerkte sie gar nicht; er war tief in Gedanken. – Jetzt, jetzt bist du ganz allein, sagte er sich nur noch der Miko; und in seinem Hirn trat jetzt abwechselnd bald die arme Mutter, bald der Gaul in den Vordergrund, diese beiden Wesen die in dem Mittelpunkte seines Daseins standen . . . . Es war doch recht, recht traurig . . .
Ein Ruck riss ihn auf. Miko stand still. Sein langhaariger Rücken glänzte. Ja, es hat eine Hitze! Toni wischte sich mit dem Ärmel über die Stirn. Dann seufzte er: Noch nicht die Hälfte des Wegs, noch lang nicht . . . .
Geh, Miko, geh, öa Hot!
Miko strengte sich an mit gesenktem Kopf.
»Öa Hot!«
Weiter gings – sehr langsam.
Es hat eine Hitz! brummte der Bursch noch einmal. Dann senkte er den Blick von dem schimmernden Blau des wolkenlosen Himmels zum blendend weißen Staub der Landstraße.
Auch ihn begann die große Hitze müd zu machen. Er zog die Füße lässig nach. Große Wolken wallten hinter seinen Schritten auf.
Er dachte eine große Weile an gar nichts.
Er schaute über die weiten mattgrünen Kartoffelfelder bis an die blauen Berge . . . .
Dann fiel ihm wieder die tote Mutter bei.
»Öa Hot, Miko, öa hot!«
Er faltete die Hände – und sprach ein Gebet – ganz leise. Der Staub aber machte ihm den Hals trocken.
Er verstummte.

Da, Miko stand schon wieder.
Er strich ihm mit der Hand über den Hals.
Sein fein brav, Freunderl, in einer Stund sind wir im ersten Dorf; dort bekommst Wasser, Wasser . .
Öa Hot!
Weiter. –
Im ersten Flecken da drunten, da hats schon die Hälfte. Dann wird's ja auch Abend und kühler . . . .
Wird schon gehen . . . .
Miko aber zog aus Leibeskräften.
Heut' schien ihm das Fahrzeug gar so schwer.
Lang hatte er so was nicht ziehen müssen.
Was mags denn wohl sein.
Dünger wieder mal.
Und er wandte den Kopf ein wenig.
Hatte er rechts das weit vorstehende Ende des Sarges erblickt?
Miko war klug.
Seine großen Augen sahen jetzt sehr traurig aus und er stampfte mit den dünnen Füßen fest in den weißen Staub hinein . . .

Das erste Dorf war vorbei.
Wirklich – es wurde kühler. Miko durch klaren Trank erfrischt ging einen lahmen Trab. – Der Betteltoni, dem die Weiber im Dorf das Herz schwer gemacht hatten – weinte . . . . .
Indessen stand die Sonne schon hart auf der Kante der Berge. Durch die Felder ging ein schmeichelndes, müdes Summen und Surren. Über den niedrigen Kartoffeln hin taumelten dufttrunke Weißlinge irrten über die Straße herüber und rasteten mit wippenden Flügeln eine kleine Weile im[1] durchsonnten Sande. – Auf der andren Seite wogten hohe Ähren; blaue Kornblumen und rother Mohn unterbrachen die Fläche, die aussah wie ein großer goldgleißender Schild besetzt mit Saphiren und Rubinen.
Ruck!
Miko stand.
Er hatte sich zu viel zugemuthet.

---

1 ihm. Ms.

Der Trab war ihm an den Athem gegangen.
»Öa Hot!«
Micko rührt sich nicht.
»Tsch! Tsch!« Micko!«
Miko streckt den Hals weit vor, hebt den einen Vorderfuß – – – –
Umsonst.
»Na, Mikerl, schau' eine Stund' noch . . . .«
Wieder ein vergeblicher Versuch.
Toni seufzt. Er tritt zum Kopf des Thieres und fasst es beim Zügel. Dabei streicht er ihm fort über den Rücken, den ein Teig aus Staub und Schweiß deckt.
Komm, komm! Gehen wir!
Öa Hot! Öa Hot. Hü Hot! Hü Hot!
Gott sei Dank.
Langsam, ganz langsam . . . . . .
Toni dachte wieder an die Tote.
Dem Miko, dem soll jetzt die ganze Liebe zutheil werden. Wenn sie nicht mehr ist . . . .
Eine halbe Stunde später.
Miko ächzt.
Durch die knöcheligen Beine geht ein Zittern.
Toni springt herzu; »No, Mickerl, no . . . .«
Er thut ihm schön . . .
Er fühlt wie das Thier bebt . . .
»Gott im Himmel« was jetzt?
Eine furchtbare Hilflosigkeit fällt dem armen Toni bleischwer und kalt aufs Herz. Da die Mutter tod und jetzt auch noch der Miko . . . .
»Bekommst gutes, gutes Futter!
Nur die paar Schritte noch: . . . .«
Alles umsonst.
Dem Toni ist's zum Weinen.
Weit und breit kein Mensch!
Dass die Mutter auch hat müssen so einen Wunsch haben. –
»Armer Miko . . . . . nur die paar Schritte«, muntert er wieder auf.
Öa . . . . Öa . . . .
Vergeblich. –
Der Gaul hält sich kaum auf den Beinen. Sein Aug ist matt.
Der Toni kann das nicht anschauen. Es thut ihm zu weh. – Er schluchzt wie ein Kind.

Das⟨s⟩ die Mutter hat müssen . . . . fällt ihm fort ein . . . . .
Und spät ist es auch. Heut kann er nimmer zum Herrn Pfarrer, – da kann er erst morgen früh . . . . er murrt einen Fluch.
Endlich kommt ihm ein Gedanke.
Er nimmt die Truhe selbst auf die Schultern.
So . . . .
Öa Hot, Hü! Hü! Hü!
Jetzt gehts.
Für zehn Minuten.
Dann wieder: Halt.
»Miko!« Ein Schreck durchzuckt den Toni.
Der Miko liegt da. –
Herr Gott!
Der bestürzte Bursch stellt den Sarg beiseite in den Straßengraben.
Dann springt er zu.
Er betet, spricht zu, weint und tröstet – alles durcheinander.
»Miko, mein Mikerl, sei gut, sei brav . . . .«
Er kniet bei dem Pferde.
»Wenn ich dich so bitt . . . . wenn ich dir sag, – Mikerl!«
Und er bringt ihn wieder auf
Öa Hot! – Glücklich geht es fort – freilich ganz langsam . . . . .
»O, mein guter Miko« betheuert der Bursch in einem fort. – Und er geht nebenher zieht den Wagen mit – und denkt nur an seinen armen matten Freund. – – –
Aber der Wagen war leer und auch Toni trug keine Truhe mehr . . . . .
»Mikerl, sehr brav nur paar Minuten . . . nur paar Minuten.«

———

So kam er ins Dorf. Die Leute wunderten sich was der Betteltoni da wollte mit dem leeren Gefährt. Aber keiner fragte ihn. – Beim ersten Bauer stellte der Bursch ein. Im Stall brach der Braune wie tod zusammen.
Toni weinte.
Er wandte alle Mittel an, das Thier zu sich zu bringen.
Lange vergeblich.
Endlich hob Miko ein wenig den Kopf. Ganz wenig nur. Aber das war dem Burschen schon ein großer Trost. – Er hub wieder seine Betheue-

rungen an: Alles sollst du haben, Mikerl, alles« . . . . . . Dabei rieb er dem Thier die Füße unaufhörlich – bis spät in die Nacht.
Dann übermannte ihn die Müdigkeit. –
Er schlief. Auf der weichen Streu hart neben dem Thiere . . . .

———

Der Toni erwachte; Rieb sich die Augen. Wo war er? Nichts fiel ihm ein als Miko!
Da, ein Knecht hatte ihn schon versorgt.
Miko stand und ließ sich das frische Futter trefflich schmecken!
»Miko« jubelte der Bursch.
Und der Braun wieherte.
Der Betteltoni war schier verrückt vor Glückseligkeit – er hatte seinen Miko wieder!
»Miko, Miko« sang er unaufhörlich.
Sein Gastgeber schüttelte den Kopf.
Der Bursch aber ließ sich nicht beirren in seiner Freude. – Jetzt heißt eilen sagte er sich. Solangs noch morgen ist heimfahren, damit du nicht in die Hitze hinein kommst . . . . und lachend schürte er den Gaul an . . . .

————

Heut gings leicht.
Ein Lied auf den Lippen fuhr der Bursch in den blauen Morgen hinaus. Er schaute rechts und links in die Felder die thaufrisch in heiterem Grün sich weit hinstreckten bis an die Hügelketten. Er hörte auf das Zwitschern und Trillern von dem die Lüfte tönten, und lachte über die goldenen Ähren die sich so ehrerbietig vor dem übermütigen Frühwind neigten. Sein ganzes Herz war voll Jubel: Miko, Miko, rief er ein über das andere Mal. Das ging vorwärts!
In vier Stunden kaum würde er daheim sein, – – sicher – und wie wird die Mutter lachen . . . wenn er ihr . . .
Er dachte nicht aus.
Etwas durchzuckte ihn . . . . . .
Was war das schwarze[1] dort im Straßengraben?

---

1 schwarzes. Hs.

»Hö, Miko, halt! Er brachte kaum den Ruf aus der Kehle. Er zerrte am Zügel. Sprang ab, lief herzu . . . . .
Da unter grünem Kraut der Sarg mit dem großen, silbernen Kreuz. Mutter . . . . . .
Und er legte den Sarg quer über, wandte den Wagen und fuhr langsam zum Dorf zurück – der arme Betteltoni.
Halb von Thränen erstickt klang es: »Öa Hot! Öa Hot! . . .«

DAS CHRISTKIND
(1893)

»Gestorben« stand in gleichgültigen, brutalen, feuchtleuchtenden Lettern in dem dicken, grünen Krankenhausbuch. In derselben Zeile war zu lesen: II. Stock, Zimmer 12, Nummer 78. Horvát, Elisabeth, Försterstochter, 9 Jahre alt.

* *
*

Der frühe Februarabend sah wie mit rotgeweinten Büßeraugen, müd und mürrisch, in das Zimmer 12. Die grau-weißen Wände der Krankenstube schienen in dem gleichfarbenen Dämmer zu zerfließen, und das schwarze Holzkreuz schwebte frei in der Luft. Die Eisenbetten waren in verschwommenen Umrissen sichtbar. Die dämmerige Atmosphäre lag wie ein Bann auf den Kindern, deren je zwei ein Lager teilten. Irgendwo in dunkler Ecke weinte eines trostlos und leise, ein anderes erzählte mit weicher, vorsichtiger Stimme, als ob es am Bett der kranken Mutter säße, und ein kleines Mädchen, dem Fenster zunächst, hockte aufrecht in den Kissen, die Arme um die aufgestemmten Knie geschlungen. Sein Profil und die rundliche Schulter hoben sich scharf als Silhouette ab von dem blaßgrauen Fenster. Und die karbolsatte Luft war so dicht, daß es schien, als prallten die schüchternen Laute des plaudernden Mädchens an ihr ab, und nur das versteckte Weinen aus der dunkeln Ecke bohrte sich mit spitzen Tönen in das Dämmer. So ist es im Wald an den Nebelnachmittagen des Frühherbstes: Die Stimmen aus Bach und Kraut versickern in dem Dunstmeer, und nur das Wimmern windgequälter Wipfel zittert durch den einsamen Tann.

Jetzt trat die wartende Schwester zärtlichen Schrittes in die Stube ein. Sie entzündete die Gasflamme, die, hinter grünem Zeug versteckt, an der Mittelwand des Zimmers angebracht war. – Das mondscheinfarbene Licht flutete weich wie eine an flachem Sande landende Welle durch den Raum und beleuchtete fast gleichmäßig die fünf Eisenbetten. Die Schwester aber schob den Vorhang ein wenig beiseite: ungehemmt, mit rücksichtsloser Gewalt brach das grelle, rote Licht hervor.

Eines von den mattschwarzen Wandtäfelchen war jetzt voll beschienen; es trug die Nummer 78. Das Bett darunter war zerwühlt und leer. Die Schwester trat hinzu, entfernte die Linnen und glättete die Matratzen.
Die Kinder waren alle verstummt. Sie folgten jeder Bewegung der Schwester mit geblendeten, lichtscheuen Blicken. Sogar die Kleine in der Ecke weinte nicht mehr. Sie saß aufrecht, den Kopf in beide Fäustchen gepreßt, und unter der schneeweißen Stirnbinde glühten ihre Augen, groß, wie eine einzige dunkle Frage.
Die Wärterin warf ihr die Puppe, die sie im verlassenen Lager gefunden, in den Schooß. Das Kind zuckte nur leicht zusammen und rührte das Spielzeug nicht an. Als starrte es in eine grelle vernichtende Flamme, sprühte in seinen Fieberaugen ein unsteter, flackernder Widerschein auf. Und in unbestimmtem Bangen verkroch sich das Kind, das das Bett mit ihm teilte, unter die Decke.
Da wandte sich die Kleine beim Fenster, und ihre Stimme war wie ein Sonntagslied:
»Ist die Betty jetzt ein Engel?«
Die Schwester nickte und lächelte und breitete mit ihren weißen Händen die hellblaue Hülldecke über das leere Bett.

* *
*

Der Tod ist ein Nummerwechsel. – Die kleine Elisabeth lag jetzt drunten in der Kammer, deren weiße Außenwände sie oft vom Fenster aus gesehen hatte. Sie war kleiner geworden und brauchte mit ihren abgefrorenen Füßchen wenig Raum in dem schlichten Holzbett, an dem schon die neue Nummer angeheftet war. Die Nummer der Grube da draußen. Die war schon bereit; aber sie gähnte nicht schwarz wie der Rachen eines Untiers. Die hereinbrechende Nacht begann ein schimmerweißes Schneelinnen hineinzuweben, so daß der Platz nett und verlockend aussah wie das Bettchen reicher Kinder. Und die kleine Betty in der stillen Kammer lag so ruhig und getrost da, als wüßte sie das. Die wachsweißen Händchen hielten, wie spielend, ein kleines Holzkreuz, das Haar sonnte wie ein Heiligenschein aus der Spitzenwolke des Sterbekissens, und um die dünnen, blassen Lippen blühte ein wehmütiges Lächeln; so schlingt sich ein Kranz Immortellen um ein vergilbtes Gebetbuchblatt.
Lächelte sie, weil sie schon die liebe Mutter gesehen hatte, die sie nun

seit vier Jahren beim lieben Gott erwartete? War die kleine Seele schon auf jungen, schimmerweißen Falterflügeln durch die grauen Nebel, an lauter lächelnden Sternen vorbei, in die ewige Heimat geflogen? Flatterte sie schon über die weite Milchstraße, wo so viele fleißige Engel sitzen, die immer neue Sterne blasen, wie die Kinder auf Erden Seifenkugeln? War sie leicht gar schon nahe beim lieben Gott, der einen großen, silbernen Bart haben mußte und eine große, leuchtende Krone?
Dorthin dürfen doch reine Seelen?
Und Narben gehen ja nicht durch bis auf die Seele, – nicht wahr?
Sie kriechen nur über das kleine tote Körperchen wie rote, giftige Raupen. – Und wenn der liebe Gott befiehlt, daß die kleine Elisabeth mit diesem Körperchen angetan vor ihm erscheinen sollte, so werden die Wunden daran sicher schon heil sein, und man wird selbst im Himmel, wo es doch sehr hell ist, nicht einmal einen roten Strich mehr sehen.
Und das ist gut; denn der liebe Gott und die gute Mutter – sie sollen nicht wissen, daß die Stiefmutter die kleine Betty blutig geschlagen hat. Und, daß sie's nie erfahren, das betete wohl die Kleine mit den blassen, gefalteten Händchen und den stillen, toten Lippen in der dunklen Leichenkammer.

* *
*

Seliger Weihnachtstag, da die Kleinen mit vor Ungeduld trippelnden Beinchen und leuchtenden Augen an der verschlossenen Türe lauschen, hinter der sich helle, duftende Wunder vorbereiten, mit wichtiger Miene der Mutter zusehen, die den Festtagsfisch schmort für das Abendessen, und, alte Lieder auf den frischen Lippen, zum Großmütterchen, das im hohen Ohrenstuhl am plaudernden Feuer träumt, hüpfen und ihm die sanften, faltigen Hände küssen. Und dann kommt wohl auch der Vater heim und bringt, Schneeperlen im Barte, ein tüchtig Stück Winter mit und erzählt vom Christkind, das ihm auf verwehten Wegen begegnet ist, und daß es Haare wie eitel Gold hat und die Hände voll bunter, prächtiger Dinge. – Und draußen heult der Sturm, und ein Schlitten klingt irgendwo, und alles ist so geheimnisvoll und so groß und so feierlich, daß man es nie mehr vergessen kann – – ein ganzes Leben nicht. Und die kleine Elisabeth hatte es auch nicht vergessen, daß es einmal so war, als Mutter noch lebte und die fremde Frau mit dem roten Gesichte noch nicht mit am Tische aß. Und sie hockte fröstelnd am Herde, in dem ein wildes, ungastliches Feuer loderte.

Ihre Sehnsucht nach der Mutter war auf einmal gar groß. Und als die dicke Frau sie mit Schlägen aus der Küche trieb, da verkroch sie sich wie ein mißhandelter Hund in den letzten Winkel unter dem Dache und weinte dort leise in sich hinein. Und es war, als löste sich alles Schwere, Dunkle in ihr in diesen lautlosen Tränen. Sie wußte endlich nur, daß es heute wieder Weihnachten war, und daß alle guten Kinder fröhlich sein müssen, weil das Christkind durch die Welt geht.

Der Vater fand sie dort, strich ihr mit zitternden Fingern durchs Haar und schenkte ihr ein paar Kreuzer – einen ganzen Reichtum für das Kind. Und Betty hüpfte empor und schlang mit lachenden, klaren Augen beide Arme fest um Vaters Hals. Das war wie ein Abschied.

Zwei Stunden später trippelte die Kleine, Vaters Kreuzer in der rechten Faust, durch die Gassen des Städtchens. Der Weihnachtstag war weiß und windstill, und der körnige Schnee verbrämte, wie weißes Pelzwerk, die dünnen Schuhe des Kindes. Es lief waldwärts. Bei den letzten Häusern traf es eine kleine Gespielin. Die verstellte ihr den Weg und sagte in überlegenem Tone: »Glaubst du, das Christkind kommt auch zu dir?«

Betty schlug die großen, blauen Augen auf und antwortete mit inniger Überzeugung: »Das Christkind kommt zu allen braven Kindern.«

Und die Mittagsglocken klangen groß und ernst in den frostroten Weihnachtstag, als sagten sie ein ›Amen‹ dazu.

*   *
*

Beim letzten Krämer kaufte Elisabeth um ihre Kreuzer ein paar Kerzchen, eine bunte, lange Flitterkette, Zündhölzchen und ein riesiges Herz aus Lebkuchen. Mit diesen Schätzen beladen lief sie weiter in den Wald, wo ihr schon keine Menschen mehr begegneten, als die, die wegabseits dürres Reisig suchten; und die sahen vergrämt und erfroren aus und achteten nicht des Kindes.

Es giebt eine Stelle im Walde, wo der Abend, der sein Gold, ängstlich wie ein Geizhals, hinter den nächsten Berg trägt, zögernd verweilt, als könnte er sich kaum trennen von der schönen Erde. Dort stehen langstielige weiße Blüten, und die wiegen dann ihre Pracht im veratmenden Winde, wie Kinder, die dem scheidenden Vater ihre Tücher nachschwenken. So – sommers. Allein auch mitten im Winter, da der frühmüde Abend die roten Sohlen durch den schimmernden Schnee schleift, rastet er dort und küßt mit letzter Glut die alte, auf verwitterter Steinsäule wohnende Wegmadonna, die ihm in einsamer Wehmut nachlächelt.

Das war der kleinen Elisabeth liebster Platz. Dorthin war sie oft geflüchtet, brennende Schläge auf dem Rücken, und hatte der vergessenen Himmelskönigin ihr Leid erzählt wie einer Mutter. Und ihr war oft gewesen, als trüge das Steinbild die Züge des toten Mütterchens. Und nun hatte sie die Stelle noch viel lieber. Solang es Blumen gab, verging kein Tag, ohne daß das Kind den rostigen Nagel am Sockel mit frischem Schmuck verdeckte; und, traun, wenn jeder Altar im Lande nur *einen* solchen Beter fände, Gott müßte der Welt näher kommen!

Auch an diesem Weihnachtsabend ging die Kleine den gewohnten Weg und schleppte den Tand, den sie eingekauft hatte, mit sich. Ein stiller Plan machte ihre Augen glänzen und ihre Füßchen eilen. Sie warf der Steinmadonna einen neckisch-ehrfurchtsvollen Blick zu, der besagen sollte: Gelt, ich bin brav? Heut hast du mich nicht erwartet.

Dann ging sie ohne Zagen ans Werk.

Jenseits des Pfades, an dem die Betsäule stand, begann ein junges Tannengehölz. Das kleine Mädchen wählte einen der vordersten Bäume, dessen Spitze es mit ausgestrecktem Arm eben noch erreichen konnte, und spannte die bunte Papierkette um die waagrechten Zweige, auf denen schon fester Schnee wie glitzernder Demantschmuck prangte. Dann tropfte es die Kerzchen an den Ast-Enden fest, und zugleich mit dem ersten Stern der Heilsnacht gingen die Lichter an dem einsamen Weihnachtsbaum auf.

Das war nun wirklich eine große Pracht. Um die rotschwelenden Kerzchen herum schmolz der Schnee, und das glitzerte und blitzte, daß es eine Freude war. Klein-Elisabeth sagte zuerst ein frommes Sprüchlein vor der Muttergottes her und rief, auf das strahlende Bäumchen weisend: »Freuts dich?« Dann biß sie gar herzhaft in das Lebkuchenherz und stand mit vollen Backen so nah vor dem leuchtenden Tannenbaum, daß der Widerschein des Glanzes in ihren reinen Augen funkelte.

Der ganze, weite Wald schien das Christfest mitzufeiern. Die hohen, schwarzen Tannen standen weit im Umkreis wie ehrfurchtsvolle Beter und staunten das just noch so unbedeutende Bäumchen an, wie Menschen ein Wunderkind betrachten. Die fernen Sterne sogar schienen sich über der Stelle zusammenzudrängen, um ja nichts von dem Schauspiel zu verlieren und dem lieben Gott und den Engeln und der guten Mutter der kleinen Elisabeth erzählen zu können, was für ein braves Kind sie wäre.

Auf den dämmerigen Waldwegen aber kamen große schwarze Vögel in neugierigen Sprüngen näher. Die könnten auch Hunger haben, dachte das Kind; Betty verspürte keine Furcht, und so teilte sie das mächtige Kuchenherz mit den gierigen Gästen. Ihr ward so froh und so selig, daß sie hätte singen mögen, wenn sie nur ein recht schönes, würdiges Lied gewußt hätte.

Die Kerzen waren schon ziemlich tief gebrannt; da setzte sich die Kleine zu Füßen des Heiligenbildes hin mit glücklichen Augen und frostblauen Händchen. Aber vom Frieren fühlte sie nichts. Es war so wunderstill um sie, und wenn sie die Augen schloß, so sah sie sich auf dem Schoß der teuren Mutter sitzen in warmer, traulicher Stube. Die Uhr tickte in gemessenem, behäbigem Takte, und der Wind schraubte sich in den prasselnden Kamin. Die Mutter strich ihr leise und zärtlich über den Scheitel und küßte sie mit roten, weichen Lippen mitten auf die Stirn. Und sie war schön, die Mutter, schön, wie die Fee im Märchen von Andersen, und trug eine seltsame Krone im reichen, flutenden Haar.

Und sie anschauen – war gut ...

* *
*

So kam es, daß die kleine, arme Elisabeth ein schöneres Christfest hatte, als die reichen, satten Kinder in den schimmernden Stuben.

Sie war sehr glücklich. Und dieses Glück leuchtete auf dem kleinen Gesichte, wie sie so zu Füßen der Madonnensäule schlief. Die Händchen waren fest und treu gefaltet, und vom Steinbild floß ein schwarzer Schatten über das lächelnde Kind, als hätte die gnädige Himmelsfrau einen schützenden Schleier darüber gebreitet.

Das Bäumchen strahlte noch einmal hell auf in mählich verlöschender Pracht, und es hub ein Schneien an, langsam und feierlich, als schwebten alle Sterne zur Erde nieder.

* *
*

Zwei Waisenkinder gingen an diesem Weihnachtsabend spät aus der Stadt dorfwärts durch den Wald. Und sie erzählten dem Pfarrer im Dorfe atemlos, mit glänzenden Augen:

»Wir haben das Christkind gesehen – mitten im Wald. Es lag neben einem herrlich leuchtenden Bäumchen und ruhte aus. Und es war schön, das Christkind, so schön . . .«

EINE HEILIGE

Motto: »Der Sünde Sold ist Tod...«
Röm. 6. 23.

Es gibt Menschen, die rein bleiben mitten im schmutzigsten Leben. Wie der Mondstrahl sich nicht befleckt, der in der jauchigen Gosse irrt. – Es gibt solche Menschen. Und ich stelle sie mir immer so vor, wie die Gestalten der ernsten, Byzantinischen, nachgedunkelten Heiligenbilder mit den schmalen klaren Stirnen und langen, dünnen, fleischlosen Händen. Händen, wie sie die entsagende, gebende Liebe hat.......
Und – war sie denn eine Heilige? – Sie, die schwarzhaarige Anna, das Eheweib des Schlossers Gaming? –
Fast so sah sie aus wie jene Kirchenbilder. Nur nicht so ernst, – kindischer kleiner, unbedeutender, – aber viel trauriger. So traurig!
Mir war immer, als müsste die Sonne verglimmen, wenn dieses Auge ihr begegnete.
Und Anna schaute gern in die Sonne.
Besonders wenn der rothe Ball im Westen hinter die Hänge rollte.
Da saß sie da in der dumpfigen Stube am Fenster, das Gesicht in die hageren Hände geschmiegt, und bohrte ihre Blicke in das ferne Abendfeuer.
Dann – wenn es verloschen war und der wehmüthige Sommerabend das müde Grün der Hügel mit cardinalrothen Streifen grenzte, dann ging erst die Sonne in ihren Augen auf, die milde Sonne der Träumerei.
Leise regten sich ihre dunkelrothen Lippen.
Halblaut sang sie die Volksweise; ihre Stimme klang, wie der Frühwind in Erlenbüschen:

>...... er kommt, ich weiß,
> Zu mir zurück
> Und mit ihm kommt
> Das alte Glück.
> Es kommt zurück

Trotz Neid und Noth, –
Das alte Glück
Ist ja nicht tod . . . .

———————————

———————————

———————————

»Himmel Donnerwetter, – wirst mir noch vielleicht einen Vorwurf machen, du . . . . Ich kann nachhaus kommen wanns mich freut, merk dirs! – Und wenn du . . . . . . Herrrr Gott!« Gaming[1] ließ die Faust dröhnend auf den Tisch fallen.
Anna saß in der Ecke und schaute mit großen Augen ins Leere. »Und wann ich mich besauf, gehts dich auch nichts an! Mich freuts einmal so! Was bist so dumm, du Stubenhockerin, und gehst nicht auch auf dein Vergnügen aus? . . . Ho – hab halt nichts dagegen . . . . . . Ha, ha, ha, ha – und er lachte unbändig; das schleimige, raschelnde Lachen der Säufer. –
Sein Weib fröstelte.
Der Schlosser erhob sich schwerfällig und ging mit unsichern schwanken Schritten aus der Stube.
Und jetzt weinte Anna. Weinte still wie ein krankes Kind in Fieberträumen weint. Warum? Weil es ihr so weh that links beim Herzen.
Es pochte.
Noch einmal.
Ein jüngerer braunlockiger Mann stand in der Thür.
»Morgen, Frau Gaming. – Doch – Ihr weint's ja?!«
Nein, sagte die Schlossersfrau und fuhr sich mit der Hand über die Augen – ich wein' nicht . . . . . 's ist nur so . . . . .
Und dann in anderem Ton: »Morgen, Anton.«
Sie reichte ihm die Hand.
»Setzt' Euch ein wenig.«
»Dank schön.«
So saßen sie nebeneinander.
Anna und der junge Schreinermeister Anton. – Aber sie sprachen kein Wort.
Dann sagte Anna leise:

---

1 Gamming. Hs.

»Wohin geht's denn?«
»Arbeit – in die Stadt.« –
»So?«
»Ja«. –
Stille. –
»Wie gehts Eurer alten Mutter, Anton.«
Dank der Nachfrage, Frau Gaming, 's muss halt. Mein Gott so ein alt's Frauerl . . .
Und wieder still.
Draußen stand der Sommertag und schaute mit blauem Auge herein.
Und es löste das Licht seines Blicks die Herzen der beiden Menschen.
»Frau Gaming?«
»Anton[1]?«
»Er hat Euch heut' wieder g'schlagen?«
Anna schwieg.
»Offen – sagt mirs.«
»Ja.«
»Ja, könnt ihr denn das so fort ertragen?«
Sie schaute ins Weite.
Und er nahm sich Muth: »Anna, weißt ich bin Dir so gut – komm mit mir! . . . .«
»Mit . . . . .« einen Augenblick lohte es auf in ihrem Blick.
Just so wie wenn sie das Volkslied sang.
Dann verlosch die Gluth jäh.
Sie sah ihn er⟨n⟩st und traurig an.
»Nein, das geht nicht.«
»Anna!«
»Nein.«
»Warum?«
»Ich bin sein Weib . . . .«
»Aber . . . . .«
»Ich bin sein Weib.« –
Anton erhob sich. Sie reichte ihm die braune Hand.
»Adjes, Anton.«
»Adjes.« –

1 Arnold. Hs.

Und er ging. Bei der Thür spuckte er aus durch die Zähne.
»Mit Gott.« Rief ihm Anna nach. Vielleicht hat er's noch hören können. Er schaute sich aber nicht mehr um.
Gamings Weib saß wieder allein in der Stube.
Und sie weinte wieder.
Diesmal heftig und stürmisch. –

»Du lasst deine Stuben offen, die Nacht! – Hörst! Ich habs'n Wirten versprochen. Der Kerl ist ja ganz närrisch in dich. – Fort die Ann' und die Ann' . . . . .«
»Trottel, hab ich ihm g'sagt, was hast denn an dem Ding g'fressen?«
Und dann haben wir trunken.
Und da ist der Wirt schlechter Laune g'west. –
»Gaming«, hat er g'sagt, »du bist mir schon ein Posten kreidig!« –
»No«, hab ich gsagt, zahlen kann ich Dir nicht. –
»Ich hab nichts.« –
Dann haben wir weitertrunken.
Dann hat er wieder angfangen.
»Ich hab nichts, Luder!«
Hast nicht dein Weib? . . . . .
Und wieder hat er mir eing'schenkt. Er hat einen verflucht guten Saft, der Kerl. –
»No magst das Weib?« Hab ich dann g'fragt.
»Ob?« . . . . .
No, obst das Weib magst . . . .
No, und da hat er nicht nein g'sagt! Der Schlauchel! –«
Anna saß wortlos mit en⟨t⟩setzten, weiten Augen da. Ihr Gesicht war gelb. Ihre Hände klammerten sich krampfhaft an die Stuhlkante.
»Was gaffst denn so«, fuhr der Schlosser auf. – »Sollst froh sein, dass so ein g'sunder, starker Mann wie der Huberwirt dich will – so eine . . . .«
»Also lasst' ihn ein?«
»Nein.« Das klang wie ein Stöhnen.
»Nein!« schrie der Gaming. Willst du die Dame spielen. Weib, ich hab mein Wort geben, und der Sauhund schickt mirs Gericht und die Pfändung am Hals wenn du nicht . . . . . Willst?
Sein Mund war voll Speichel. Er rollte die Worte mühsam heraus. –

Willst?! Donnerte er am ganzen Leibe bebend.
»Nein.« sagte Anna fest. –
Da sprang Gaming mit erhobener Faust auf sie zu; und er packte sie an der Schulter, dass das Kleid in Fetzen ging und rüttelte sie . . . . .
»Ich bin dein Herr, Weib! Ich hab hier auch noch ein Wort mitzureden – Auch noch ein Wort . . . .« stammelte er in wahnwitziger Wuth.
»Ha, ha, ha, ha« . . . . gellend lachte er auf und ließ ab von Anna.
– Und ich frag dich noch erst? . . . . .«
Er spuckte weithin auf die Dielen und schob sich grinsend hinaus.
Er schloss hinter sich die Thür und mit winselndem Klagelaut drehte sich der Schlüssel im Schloss um. –
»So . . . .« hörte Anna ihn sagen – dann ächzte die Treppe unter des Schlossers gewichtigem Tritt. –
Stille.
Und Anna saß da den Kopf in beide Hände gepresst. Und sie krallte ihre Finger in das dichte, weiche Haar und in die Kopfhaut tief, dass es sehr schmerzte. Der Schmerz that ihr wohl.
Was jetzt? Was jetzt?
Gar nicht denken konnte sie.
Und mechanisch und blöde lief ihr Blick hin längst der langen Rinnsale und Furchen der alten rissigen Tischplatte. Da gab es einen Punkt in dem alle die Striche zusammenliefen und diesen einen Punkt schaute sie jetzt an ohnmächtig sinnlos – und fiebernd . . . . . .
Der Punkt wurde immer schwärzer und schwärzer denn durch die Scheiben tropfte schon langsam der Abend. – Der Abend. Es schien ihr, als würfe er Netze aus, weite schwarzmaschige Netze sie zu fangen, wie der Jäger dem unschuldigen Wilde auflauert.
Sie fuhr empor. Es war kein Gedanke in ihr nur eine That: Sie riss das Fenster auf und an den Rebenstangen behende nieder. – Dann lief sie durch das kleine Hausgärtchen und jetzt stand sie in der schwarzen Seitengassen. Kein Besinnen! Und sie hastete weiter.
Wohin?
Ihr war zumuthe wie Jemandem der träumt, im Traume handelt, und der doch auch weiß, dass er träumt . . . .
Wohin?
Sie hob das Auge.
Sie war weit, kaum dass sie die Gasse erkannte.
Da russte eine dürftige Öllampe.
Darüber hängt ein Aushängschild.

Und unwillkürlich steht sie und liest.
»Schreinermeister.«
Sie buchstabiert wie ein Kind bei dem unstäten unrastvollen Licht.
Aber dann sieht sie besser.
Und sie erkennt: »Anton . . . . . .«
Jetzt erst denkt sie.
Sie denkt vieles auf einmal – Alles . . . .
Hinauf. Eine enge, finstere holprige Treppe. Und an der Thür pocht sie über der das gleichnamige Schild glänzt.
Schritte drinnen.
Und sie reißt sie auf.
»Anton!«
Aus ihrem Auge fliegt ein Funken und entloht seines.
Er fängt sie in seinen Armen auf und presst sie mit brutaler Naturgewalt an sich. In einem einzigen Schrei, ähnlich dem Ruf des Auerhahns, wirbelt sein ganzer, riesiger Jubel aus der Brust!
Und sie sieht ihn an. Groß und ernst. Mit den Augen der ewigen, himmlischen, jauchzenden Liebe.
Und er versteht sie . . . . . .

Sterne waren am Himmel gewesen. Aber der Morgen war trüb. – Perlgrauer Nebel kroch leise durch die Luft und die rundlichen Pflastersteine hatten glänzende Backen.
Anna ging heim.
Sie schritt gebückt einher und ängstlich.
Ihr Aug aber glänzte.
Glänzte in jener heimlich=süßen Weise, wie Edelsteine glimmen im Dämmerschein.
Sie trat in ihr Haus. Und ihre Gestalt wuchs.
Sie ging nicht die Treppe hinauf zu ihrem Gelass.
Gaming schlief unten.
Sie schritt in die Küche und nahm unterm Herd das blanke Beil hervor. Es war schwer. Aber sie trug es leicht und gewandt.
Und jetzt öffnete sie die Thüre ihres Ehegenossen.
Er lag da den Kopf weit zurück, das Hemde offen über der haarigen

breiten Brust. Das struppige Gesicht strotzte knallroth aus den gestreiften Kissen.
Sein Athem ging rollend und schwer.
Alle Minuten pfauchte er.
Die Falten um die Augen waren, als ob er grinste.
So schlürfte er in Säuferzügen den – Schlaf.
Und eklig, hässlich, abscheulich war er.
Und Anna dachte an die letzte Nacht. –
Es fasste sie plötzlich unbewusst jenes Streben alles Hässliche aus der Welt zu räumen, der Welt, in der es so süße Wonnen gibt.
Sie trat herzu.
Der Dunst von Fusel und Schweiß packte sie und rann bis in ihre Fingerspitzen. In die Fingerspitzen die am Schaft des Beiles ruhten.
Und dieser Dunst krampfte ihre Arme, so dass sie sich hoben . . . . .
Mit einem Schlag hatte sie ihrem Manne den Schädel gespalten.
Ruhig und sicher, wie man ein giftiges Thier totschlägt.
Und dann wusch sie sich, setzte sich auf ihren Platz am Fenster und raunte:
. . . . Das alte Glück
Ist ja nicht tod . . . . .«
. . . . . Und sie war doch eine Heilige!

DIE ROTHE LIESE
Die Geschichte einer Unglücklichen

In der finsteren, engen Seitengasse ragte ein finsteres graues Haus. Drei Treppen hoch. – Unten wohnten ehrsame Leute, arme Beamte, rastlose Handwerker. Unter dem Dach aber hatte die rothe Liese ihr winziges Kämmerchen. Die rothe Liese! Wer kannte sie nicht? Das kleine Ding mit dem vollen Busen den kecken Schelmenaugen und den rothen Wangen . . . . Wer ihr begegnete schaute seitab zog die Mundwinkel abwärts und dachte: Die Dirne . . . . .
Aber nächtlich da schlich so mancher zu dem grauen Hause. – Leise zog er die altmodische Klingel, die erst stöhnte ehe sie gellend anschlug. Dann blieb es immer still. Erst in einer Weile vernahm man schwer schleppende Schritte. Der riesige Schlüssel drehte sich unwillig im rostigen Schlosse – dann ein Ruck und das eichene Thor gab nach. Die Hausdienerin stand mit den triefenden blöden Augen ein verschmitztes Grinsen im alten Gesichte da, nickte, schloss behutsam wieder ab – und ließ den nächtlichen Gast mit einem höhnisch klingenden »Gut Nacht« die steile, ausgetretene Wendeltreppe hinanstraucheln. – Fast täglich kam einer, – und fast täglich ein Anderer . . . . Ja, die Liese, dachte die hexenhafte Dienerin unten, die versteht . . . . und sie kicherte in sich hinein. Sie machte ja auch ihr Geschäftchen dabei; da gabs Sperrgroschen die Fülle – und Trinkgeld noch obendrein. – Aber seit ein paar Tagen war die Thorhüterin sehr schlimmer Laune. Umsonst horchte sie immer bis es elf vom nahen Thurme schlug. Zwei dreimal lief sie sogar schauen ob sie die Klingel, die doch tüchtig schmetterte, nicht etwa überhört hätte? Nein – es kam niemand. – Sie überlegte hin und her . . . . was war der Grund? . . . sollte das Mädchen das einträgliche Handwerk aufgegeben haben? So dumm konnte sie doch nicht sein . . . . Jung war sie auch noch – und sicher hätten noch genug Tölpel kommen mögen . . . sicher . . . . und die Alte beschloss sobald der nächste Morgen angebrochen sein würde hinaufzugehen, und sich energisch Klarheit zu verschaffen.
Über die rothe Liese im kleinen Stübchen oben aber waren Stunden der Einkehr gekommen. – Sie wusste selbst nicht wie. – Fern aus dem kleinen Heimatdorfe war ein Brief ihr geworden; – kaum drei Zeilen

mit zittriger, ungeschickter, kindischer Hand. – Von der Mutter. – Die glaubte ihr Kind wohl versorgt in einer Handschuhnäherei. Sie sandte ihm ihren Segen – den letzten; denn sie fühlte sich matt und krank. – Das Mädchen hatte den Brief gelesen und ihn dann in ihr Schubfach gelegt. Aber wie oft hatte sie ihn wieder vorgenommen. – Sie saß da, überlas die armen, kargen und doch so innigen Worte! Las sie immer wieder und weinte. Abends aber verriegelte sie wohl ihre Thüre und hielt das zerknitterte Papier fest zwischen den gefalteten Händen wenn sie einschlief. Und wenn sie morgens erwachte da küsste sie wieder und wieder den schlichten Brief.
Es muss anders werden! So sagte sie sich.
Und sie kniete hin und flehte: »Mutter, Mutter, hilf mir!«

..... draußen pochte es. – An der Schwelle stand die alte Thürwärterin mit widerlichem, verständnisvollem[1] Lächeln. – Liese schenkte ihr wenig Achtung. Sie bereitete sich zum Ausgehen vor. – Sie wollte einen heiligen Gang thun .....
Die an der Thüre hüstelte; es klang hässlich und heiser.
Das Mädchen ordnete sich vor dem kleinen, fleckligen Spiegel das reiche rothgoldige Haar: »Was giebts denn Brigitte?«
Die Hexe hüstelte wieder.
Liese drückte sich den Hut auf die widerspenstigen Locken
»Nun.«
Brigitte hinkte näher. Ihre dürre Gestalt reckte sich unter dem verschossenen missfarbigen Hülltuch. Mit ekliger Vertraulichkeit legte sie die schmutzige Hand auf des Mädchens Schulter. Die dünnen bläulichen Lippen umzogen teuflische Falten –...
»He, Fräulein Liese«, kicherte sie .. – heut' nacht, – ich hab einen bereit« ......
Die Angeredete erbleichte.
»So um ½ 11,« fuhr die Kupplerin fort.
Das Mädchen trat zurück. Sie empfand Abscheu vor diesem gemeinen hässlichen Weibe.
»Du darfst niemehr jemanden herauf lassen« sagte sie ernst. Ihre Stimme zitterte.
»No, no, schönes Fräulein« begütigte die Thorhüterin – »bös müssens

---

[1] verständnisvollen. Hs.

nicht sein, wir verstehen uns doch . . . . gelt?!« Sie zwinkerte ein paar Male mit den rothumrandeten Lidern[1].

»Untersteh dich nicht –, Alte, geh . . . .«

»Ah so,« unterbrach sie die Megäre, so gefällt's dem gnädigen Fräulein, – mich einfach hinauswerfen – so – so – – no ich geh schon aber warten's nur; ja das ist der Lohn, wenn man sich so ein saubers Fruchtel ins Haus nimmt so eine . . . . . Sie brummte noch eine Weile fort . . . ., aber ich will schon dem Hausherrn sagen, er soll so was nicht dulden . . . . nicht dulden . . . . .

Liese verließ zugleich mit der Hexe die Stube.

Sie war sorgfältiger gekleidet als sonst.

Das erweckte die Neugier des Weibes.

»Wohin geh'ns den⟨n⟩ Fräu'l'n?« fragte sie in freundlicherem Tone.

Das Mädchen antwortete nicht.

Dann während sie die Treppe herunterschritten sagte sie kaum hörbar: »In die Kirche.«

Die Alte lachte auf, dass sie sich am Geländer halten musste. Schrill gellte es im dunkeln Stiegenhause.

Liese aber ging wirklich in die Kirche.

———/———

Liese war eingetreten in die hohen dämmernden Hallen der Kirche, und ein Gefühl, das ihr bis zum Augenblicke fremd war, hatte sich unvermerkt in ihr Herz geschlichen. Ein Gefühl von Weihe und Zerknirschung;

Die goldnen Heiligen blickten sie so sonderbar, so geheimnisvoll an von den grauen Sockeln herab und das weite Schweigen der einsamen hohen Hallen, in denen der Schritt ihrer kleinen Füße so mächtig widerhallte, als sollte das bebende Echo Allen künden: hier geht eine Sünderin, – dieses weite Schweigen senkte sich wie ein Morgennebel auf die Nacht ihrer Seele. Licht ward in ihr. – Gleich der jauchzenden Lerche die dem Dämmern des heimlichen Frühlichts freudig entschwebt, entstieg[2] ihrem reuigen Herzen leicht ein befreiend Gebet. – Noch war es ja nicht zu spät zur Umkehr, – noch hatte das Laster das Vermögen reinen Gefühles ihr nicht aus dem Busen vertrieben. – Sie fühlte es. Und sie rang in heißem, kindlichem Flehen an den Stufen

---

1 Liedern. Hs.
2 enstieg. Hs.

des ragenden Altars die Hände. – Unstät flackerten zu beiden Seiten die Totenkerzen die hohen und schleuderten irrende Lichter auf das Antlitz des wunderthätigen Madonnenbildes. – Der Sünderin schiens als träte in die bräunlichen Wangen Marias des Lebens entzückende Röthe und als umspielte die Lippen der Mutter Christi ein Zug von Milde, Erbarmen – Vergebung!
Sie erhob sich und schlich mit zitterndem[1] Zaudern in den Hintergrund des Gotteshauses zu einem der schweren, geschnitzten, eichenen Stühle. Ein Taumel von Reue und Gram hatte sie erfasst.
Sie kniete hin auf der harten Stufe und legte die zuckenden Lippen fast an das dichtvergitterte Fensterchen . . . . .
Eine Weile zögerte sie.
Es war ein junger Priester vor dem sie kniete.
Sein schwarzes Auge loderte.
Ein Schauder fasste sie; sie sollte diesem Manne . . .
Aber der hohe, überweltliche Feierfriede der hehren Kirche floss mählich wieder ihr lautpochendes Herz.
Sie heftete die Blicke niederwärts.
Mit bebender Angst gestand sie – alles . . . .
Ihre ganze leichtsinnige Schuld flüsterte sie unter Thränen dem Manne zu, dem Vertreter Gottes!
In dem Kleide der Zerknirschung stand ihr furchtbares Geständnis vor dem ewigen Richter.
Ein rüttelnde⟨s⟩ Weinen zerrte an ihren Gliedern.
Die Stäbe des Gitterfensterchens tanzten ein⟨en⟩ tollen Reigen.
Sie hob den Blick empor – sah die mächtigen Säulen wanken, stürzen . . .
Die Sinne schwanden ihr . . .
Sie lehnte mit geschlossenen Augen im Dunkel des Stuhles.

———

Sie kam mählich wieder zu sich.
Eine milde, volltönende Stimme legte ihr den kühlenden Balsam des Trostes auf die brennende Wunde der Seele.
Der Mann hinter dem Gitter war es, der zu ihr sprach, der Priester.
Leise und ernst.
Sie achtete nicht auf den Sinn – der Ton allein that ihr wohl.
Sie vernahm Worte von Frieden und Glück – hier und im Jenseits . . . .

1 zitterden. Hs.

Ihr schauerte.
Es war kalt in der Kirche.
Aber das Herz war leichter. Jetzt horchte sie auch auf den Sinn der Rede. Sie bewunderte, sie verehrte diesen Mann, der da von seinem Gotte beseelt Trost und Erbarmen geben kann . . . .
Jetzt vernahm sie ein paar lateinische Worte.
Mit bebenden Fingern machte sie das Kreuz.
Langsam erhob sie sich.
Des Priesters dunkles Auge blieb fest auf sie gerichtet.
Ein Gefühl innigen Dankes bewegte sie. Durch ihn hatte ihr der Himmel vergeben. – Er reichte ihr die Hand mit der Stola – und sie küsste die Hand.
Selig taumelte sie über die Schwelle der Kirche in ein neues, neues Leben! –

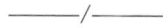

Als es Abend wurde saß die rothe Liese am Fenster ihres Kämmerchens. Sie schaute mit klarem, sonnigem Auge hinaus auf die grauen Dächer[1] und die russigen, mürrischen Schornsteine. Ihr Herz war hell und Gedanken aus ferner Kindheit spiegelten sich in ihrem ruhigen Innern wie wandelnde Wolken im schweigenden Waldsee.
Ja, der heilige Mann im Beichtstuhl hatte ihr heute Vergebung verliehen. Vergebung des Himmels und mit ihr auch die ihrer Mutter. Gewiss – auch die schlichte, alte Frau hätte dieser Reue Verzeihung gewähren müssen.
Die Dämmerung wurde immer dichter.
Nur die Umrisse der Dächer stachen noch scharf von dem matten Grau des Abendhimmels ab, und die vielen Kamine reihten sich aneinander wie geheimnisvolle Lettern, die eine unsichtbare Hand auf die Wolken geschrieben hatte . . . . . .
Das Mädchen erhob sich. Sie öffnete Schrank und Schubfach und vernichtete alles – was sie an die entsetzliche Vergangenheit erinnern konnte, an jene Vergangenheit deren[2] Spuren der Odem göttlicher Gnade von ihrer Seele gehaucht. Da gab es Briefe und Bilder, Tücher und Blumen, welke zerdrückte Sträußchen . . . . Langsam legte sie alles in den Rachen des rostigen Eisenofens. Dann lohte sie ein Feuer

1 Dacher. Hs.
2 der. Hs.

an . . . . . Nach und nach zog sich die bläuliche Flamme weiter und weiter, leckte roth auf, sobald sie das Papier ergriffen hatte, und fraß in rasender Eile an den schuldlosen Opfern. Liese aber stand davor und sah zu wie die schamlosen Briefchen sich spalteten und rollten und kräuselten, gleich als müssten sie sich winden in namenlosem, unendlichem Schmerze, – und dabei surrte und summte es leise als stammelten sie in Todesangst: . . . » wir lügen! wir lügen . . . . . .«

Ja, sie haben gelogen, sagte sich das Mädchen.

Die Flamme erlosch jäh.

Verlorene Glut irrte durch den schwarzen Aschenhauf.

Liese wandte sich ins Zimmer, und entbrannte die kleine Öllampe.

Sie nahm ein Buch vor, ein schlichtes altes Buch: Sagen, Legenden Erzählungen.

Sie schlug es auf und las von »Rosa von Viterbo.«

Sie vertiefte sich in das Leben der Heiligen – zitterte für ihr Schicksal – wie sie das Kleid voll milde Gaben zu den armen Hungernden niederstieg . . . .

Sie vernahm gar nicht dass die Thür ihres Stübchens geöffnet wurde Brigitte stand an der Schwelle . . .

Sie grinste und hinkte auf das Mädchen zu.

Jetzt erst vernahm Liese Schritte.

Sie erschrak als sie die Alte hart neben sich sah . . . . Was wollte die – es musste doch schon Nacht sein? . . . .

Die Thorhüterin neigte sich zu ihr.

»He, he«, kicherte sie, »Fräul'n, soll niemanden herauflassen, der – der geht aber nicht . . . ., geht nicht« . . . .

Das Mädchen stieß die Alte empört von sich.

Sie eilte zur Thür, die nur angelehnt war.

Jäh riss sie sie auf.

Das Wort des Grolls erstarb ihr auf den Lippen.

Der Priester! – derselbe, der Vormittag ihr den Frieden gegeben er kam jetzt? . . .

Sein Auge lohte Sünde . . . .

Er trat ein.

Liese schaute ihn starr an.

Sie sah wie er auf sie zukam nah, ganz nah, sie spürte schon den Hauch der gierigen Lippen . . . .

Sie wollte fliehen, schreien . . . .

Sein begehrendes Auge that ihr weh . . . .

Da aber fiel ihr die Beichte ein . . . Vergebung durch ihn? . . .
Sie lachte schrill auf und warf sich dem Mann in die Arme. –

Die Alte aber schlich zur Thür und kicherte zwischen den Zähnen:
Die giebts nicht auf die giebts nicht auf . . . .

———/———

ZWEI SCHWÄRMER
*Ein Capitel aus dem
Buche der Thorheit*

Berlin, den 24. März 189..

Lieber Neffe!

Da ich sehe, dass es Dir um die Sache wirklich ernst ist, und du einmal der alte Schwärmer bleiben willst, der sich immer nur von seinen Gefühlen leiten lässt, will ich meine Einwilligung zu deiner Heirat nicht versagen. Heirate! Meine Erkundigungen haben ergeben, dass das Mädchen ebenso brav wie arm ist; letzterer Umstand könnte bei deinen Verhältnissen freilich ein Hemmnis bilden, – aber ihr müsst' euch halt bescheiden, sehr bescheiden einrichten, und ich will von meinem kleinen Vermögen Euch einen zeitweiligen Zuschuss nicht versagen. Wenn es auch immer meine Ansicht war, der Mann müsse, ehe er solchen romantischen Neigungen nachgeben dürfe, fest auf den beiden, stämmigen wohlbekleideten Füßen stehen – sehe ich jetzt doch ein, dass mit so einem weltfremden Phantasten kein vernünftig nüchternes Wort zu reden ist. – Ihr Künstler seid halt vielleicht einmal so. No, ja – also, mein Junge, mög' dir dein lange ersehntes Glück recht gut ausschlagen! An dem Kraut der Ehe hat sich ja schon so mancher Wolkenkuckuksheimer Staatsbürger nüchtern gegessen, und ist zu einem ganz verständigen Glied der irdischen Gesellschaft geworden . . . . . . ich will nicht predigen und prophezeihen; du könntest den alten Onkel auslachen. Also viel, viel Glück! Grüß mir dein Bräutchen und sei versichert

    dass es Dir stets von Herzen gut meint
    dein Oheim
    Paul Berger
    Chef der Firma Berger & C°

Mit diesem Briefe in der Tasche stürmte Erhard Bender die fünf Treppen aus seinem Atelier hinab. Endlich! Endlich hatte er den Starrsinn

des sparsamen alten Herrn überwunden und seine Magda konnte sein Weib werden. Das Herz schlug ihm so laut, dass ihm der Athem ausging und er unten in der Max Josephstraße eine Weile stille stehen musste.
Es war ein grauer unfreundlicher Märztag. Ein[1] schwerer Nebel lag prickelnd auf den weiten Gassen und der Gangsteig glänzte. Dem jungen Maler aber schien es heute schöner als an dem herrlichsten Frühlingstage, denn in seiner Brust strahlte die Sonne des Glückes und weckte da drinnen das Blühen der Hoffnung wach. – Eilig schritt er fort. – Jetzt wollte er Magda aus dem Nähgeschäfte wo sie angestellt war abholen. – Es war erst fünf Uhr nachmittags, – aber heute musste sie früher weg, musste überhaupt ihre unwürdige Stelle aufgeben. Er ging immer schneller. Er stellte sich die Freude der Geliebten vor, und sann dann weiter.... Das würde jetzt ein Dasein werden voll Licht und Lust. – Jetzt würde er schaffen können – an ihrer Seite, unter ihrem Zuspruch. Freilich Zuspruch und Rath könne er von ihr schon annehmen. Sie hatte ja in ihrer Kindheit eine gar treffliche Bildung genossen. War doch ihr Vater der große M. dessen Bilder heute noch bewundert werden und der dann durch die Ungunst der Verhältnisse im Elend starb..... Ja, Magda sollte jetzt wieder gute, gute Zeiten haben..... Da stand er schon vor dem großen Wäschegewölbe. – Hastig trat er ein. – Er reichte Magda beide Hände und trat an ihrer Seite in den Hinterraum. Dort waren sie allein. Er umfing sie stürmisch, küsste sie auf die Stirne und schaute dem bleichen Mädchen dann eine Weile stumm in die Augen.
Noch ahnte sie nichts. Er las die große Frage, das süße Erstaunen in ihren Blicken: Du kommst zu so ungewohnter Stunde? Und wie ein übermüthiger Junge fasste er sie nochmals, drehte sie im Kreise, dass die Dielen knarrten, riss den Brief des Oheims heraus.
Lies! rief er und seine Stimme zitterte.
Mit bebenden Fingern entfaltete das Mädchen das Blatt und trat unter die Gasflamme. – Sie las nur zwei Zeilen, dann lag sie mit einem Freudenschrei in seinen Armen. –
Vorn im Verkaufsraum drängten die neugierigen Genossinnen Magdas verstohlen zur Thür des Kämmerchens. – Drin aber waren zwei glückliche Menschen. –

---

1 Eine. Hs.

Jetzt schritten sie nebeneinander die Nymphenburger Allee hinab der Stadt zu.

Der selige Rausch hatte einer stillen, innigen Glücksempfindung Platz gemacht, und in ihren Augen lohte das Feuer einer grenzenlosen Liebe.

Sie spürten nicht den Regen, der noch immer lautlos niederrann. Sie sprachen von der Zukunft. –

Sonnige Bilder langersehnter Freude. Sie malten sich die Zimmerchen aus, die sie bewohnen würden, und wie sie das und jenes am Besten und gemüthlichsten aufstellen sollten; und sie gedachten des Winterabends an dem sie so traulich am lodernden Kaminfeuer sitzen und sich erzählen würden von ihrem langen, bangen Kampfe um den endlichen Lohn ihrer großen, sieghaften, reinen Liebe!

Wirklich. Jetzt war es ja zu Ende das jahrelange, hoffnungslose Harren. Das Ziel, das ihnen vor einer Stunde noch unerreichbar geschienen stand plötzlich knapp vor ihnen. Sie mussten nur darnach greifen . . . .

Sie dachten beide zugleich diesen Gedanken.

Unwillkürlich sahen sie sich an.

Und unwillkürlich dachte Ehrhard: Ob ich sie immer lieben werde?

Er erschrak über diesen Einfall.

Magda aber fühlte ihn. – Sie zuckte zusammen.

Erhard, sagte sie sehr leise, »wir werden sehr glücklich sein!«

»»Sehr glücklich««

Dann schwiegen sie.

Der Regen wurde dichter, die Dämmerung schwärzer.

Beide schwiegen.

Und wieder dachten sie an die Zukunft.

Aber jetzt kamen andere Bilder. So nüchtern kam ihnen alles plötzlich vor. –

Diese Kleinlichkeiten, dachte der Künstler. – Wie sollten sie davon verschont bleiben? Die kleinlichen Sorgen würden schon kommen. Die Worte jenes Briefes fielen ihm bei: »bescheiden . . . . . sehr bescheiden . . . . .

Jetzt vernahm er, dass Magda seufzte.

Er erschrak. Sie konnte doch nicht wissen . . . .

Ihre Tritte klatschten eintönig auf dem nassen Boden. Sonst war es ganz still. Hin und wieder erwachte der Wind in den Ästen und seufzte . . . . . .

Und beide schwiegen ...
Magda legte ihren Arm fester in den seinen.
»Ist dir kalt, Lieb'?«
»»Nein, Erhard?««
Aber er fühlte wie die Kälte sie schüttelte.
Sie schmiegte sich innig an ihn.
Er schauerte zusammen.
Ein toller Gedanke kam ihm zu Sinne: Das Weib ist jetzt dein – ganz dein, – sie muss dir gewähren ...
Und er blickte seine Begleiterin an.
Dieses zarte, durchscheinend bleiche Gesichtchen mit den großen Augen in denen keusche Träume dämmerten ....
Er wandte den Blick ab.
..... so eine Dirne mit frechen Augen und gierigen Lippen, die hatte manchmal in ihm etwas geweckt wie sinnliche Wuth; durch zwei, drei Gassen war er ihr gefolgt, bis der Ekel .....
Aber dieses Kind ....
Das hieße ein Verbrechen .....
Es fiel ihm bei, dass er sie immer seine Muse genannt hatte.
Seine Muse! ....

Jetzt hob sie die Augen zu ihm.
Er wandte ihr den Kopf zu. Das Mädchen sah sehr ernst aus.
»Du wirst mich immer gern haben, Erhard?« Verhaltene Leidenschaft lag in ihrer Stimme.
»»Immer«« sagte er tonlos, immer, mein Ideal ....
»Werde ich dein Ideal auch bleiben? –« Sie sprach sehr leise. –
Erhard schwieg.
Der Regen rieselte gleichmäßig.
Die ersten Häuser der Vorstadt tauchten auf wie schwarze Riesen ....
Der junge Mann ermannte sich:
»»Du wirst mein Weib«« .....
und sie schwiegen.

Vor Magdas Wohnung in der einsamen Quergasse standen sie still.
»Wir waren so glücklich« flüsterte der Maler.
Das Mädchen seufzte.
Er umfasste sie mit heftigem Ungestüm. – Er küsste ihr die Thränen von den heißen Augen.

Lange blieben sie so.
Ferne Schritte schreckten sie auf.
Magda riss sich los. – Schwer fiel das Thor hinter ihr ins Schloss.
Bender zuckte zusammen.
Er schluchzte laut wie ein Kind. – Der Regen schlug ihm wild ins Gesicht. Und er wankte die einsame Straße hinab. –
Sie hatten sich verstanden.
Sie sahen sich niemals wieder. –

———/———

BETTYS SONNTAGSTRAUM

»Dienstag, Mittwoch, Donnerstag, Freitag, Samstag« Zählte die kleine, blasse Konfektioneuse in ihrem Kämmerchen im 5. Stockwerke. »Fünf Tage noch.« Es war ja schon Montag abend. Sogar spät am Abend. Betty aber nähte noch fleißig. Die Maschine knatterte und die kleine Öllampe schaute verdrossen drein und paffte von Zeit zu Zeit ihren Unmuth in die Luft. – Das Mädchen mit den eingefallenen Wangen aber kümmerte sich nicht darum. Ihre Gedanken waren weit weg. – Seit drei Monaten war sie jetzt in der Hauptstadt, freilich viel wusste sie nicht davon. Ihr Weg ging früh ins Geschäft durch die kleinen eckigen Seitengassen und abends wieder nachhause fünf Treppen hoch in ihr graues, winziges Stübchen. Aber sie verdiente hier viel mehr, als in der Provinz. Und unwillkürlich warf sie einen Blick auf die wohlverschlossene Lade der alten schiefen Commode, in welcher ihre kargen Ersparnisse lagen. – Dann nähte sie weiter. Und es kam ihr in den Sinn, dass sie sehr, sehr fleißig sein müsse; – wenn diese Groschen sich mehren und zu einem Sümmchen heranwachsen, dann würde sie ihrem Karl sagen: »So, jetzt, jetzt können wir heiraten.« Und die helle Freude schoss ihr in die Wangen – beim bloßen Gedanken daran. Er wird sie doch sicher heirathen, ihr Karl? Sicher. Hat ers ihr denn nicht hundertmal versprochen, wenn er sie im Provinzstädtchen früh zur Arbeit begleitete? Ja, ganz gewiss. Nun und jetzt, war er ja gar auch in die Hauptstadt gekommen – ihretwegen natürlich. Gestern Sonntag waren sie beisammen und über eine Woche . . . . und die kleine begann wieder an den Fingern die Tage bisdahin zu zählen – – – da stand ihr eine große Freude bevor. – Karl wollte sie ins Theater führen. – Ins wirkliche, prächtige Theater. Karl war schon oft drinnen gewesen, früher schon; denn er besaß einen reichen Oheim in der Hauptstadt, der ihn von Zeit zu Zeit eingeladen und dahin u. dorthin mitgenommen hatte. – Betty aber hatte dergleichen noch niemals gesehen. In der kleinen Provinzstadt hatte wohl einmal eine fahrende Truppe ihre Bühne aufgeschlagen; aber das war im rauchigen dumpfigen Wirtshaussaal, und das hatte ihr gar nicht gefallen. – Hier aber . . . . . Wie gut doch Carl ist, der ihr solch ein Vergnügen zu machen weiß. Das musste ja wohl ein halbes Vermögen kosten dort eintreten zu dürfen!

Paff! Der Lampe war es endlich doch zu arg geworden. Der letzte Tropfen Öl war versiegt, sie flackerte zuerst auf und – verlöschte. Betty saß im Dunkel. Die Maschine verstummte; Eine Weile blieb das Mädchen still. Dann begann sie sich rasch zu entkleiden und in wenigen Augenblicken schlüpfte sie unter das große rothgestreifte Deckbett. Sie schloss die Augen und athmete tief auf: . . . . . Dienstag, Mittwoch Donnerstag . . . . . sie schlief. –
Träume schlichen hinauf in das einsame graue Stübchen. Sie führten die kleine, müde Betty weg in ein hohes, stattliches Haus mit Säulen von lauterem hellem Gold und einem Dach aus eitel Silber . . . . aber wenn sie näher zuschaute, waren es doch eigentlich keine Säulen – da waren es ungeheure Garnspulen auf denen ein riesiger Fingerhut lastete . . . . und sie lachte hell auf im Traume. Das war doch zu drollig!

Mit lauter Zählen, Hoffen und Erwarten kam der Sonntag heran. – Mit einem Freudenschrei hatte die kleine Konfectioneuse den grauen Herbstmorgen begrüßt. – Ein leichter Regen rieselte draußen und die grauen Dächer gegenüber glänzten. Der Rauch aus den Kaminen verflatterte unstät und farblos in der nebelschweren, dicken Luft. – Was kümmerte sie das – heute. – Im Geschäfte machte sie Alles verkehrt, sie, die sonst die Genauigkeit selbst war. Sie zog sich sogar eine kleine Rüge ihres Chefs zu. Aber sie lachte in einem fort. Alles kam ihr so unbegreiflich fröhlich vor. Wie sie im Verkaufsraume fast nur auf die großen Spiegelscheiben der Auslagsfenster blickte, bemerkte sie wie darauf die blanken Regentropfen niederliefen sich begegneten und trennten, sich zusammenfanden oder wieder in neue Geleise auseinanderkollerten, und das kam ihr so unsäglich spassig vor, dass sie eine halbe Stunde lachte bis ihr die hellen Thränen über die Wangen flossen. – Mittag. – Ihr Essen hatte sie achtlos hinuntergestürzt. – Rasch eilte sie heim. So schnell war sie die fünf Treppen noch nie hinaufgeklettert. Oben musste sie auch eine Secunde halten. Ihr Athem flog und auf den Wangen glühten rothe Flecke. – Aber sie gönnte sich nicht Ruh. In ihrem Zimmerchen begann sie hin und wieder zu laufen. Laden und Kastenthüre klafften weit. Alle Schätze und Herrlichkeiten, die in Linnen wohlverwahrt ruhten sollten heute heraus. »Zieh dich schön an», hatte Karl ihr gesagt. – Die Kleine trippelte und trug alle ihre armseligen verschossenen Kleinodien, die sie von der Mutter her besaß zu Hauf. Das waren ein paar feine, feine Lederschuh, die Mutter

hatte sie an der Hochzeit getragen. Dann ein großes Shawl[1], das wollte sie über ihre Jacke thun, weil die am Kragen besonders schon recht fadenscheinig aussah. Dann legte sie das grüne Kaschmirkleid[2] zur Hand. Das sah ja noch ganz gut aus; auf den Hut steckte sie sich noch eine neue Masche auf, und die gewirkten Handschuh durfte sie nicht vergessen. – Dann zog sie sich an. In einer halben Stunde war sie fertig. Sie sah nach der Uhr. Kaum fünf. Sie seufzte. Aber da und dort gab es ja am Anzuge noch zu ordnen, zu richten und zu stecken. Schließlich legte sie um den Hals noch das große Goldkreuz an dem schwarzen Sammetband, das theuerste und wertvollste Erbstück der Mutter.
Dann setzte sie sich nieder. Arbeiten konnte sie nichts mehr. Wie langsam diese Uhr tickte. Und sie begann wieder auf und ab zu trippeln. Trug den Shawl[3] vom Stuhl zum Bette vom Bette zum Stuhl und glätte⟨te⟩ jedes Mal die Falten und Fältchen desselben. Richtig! noch ein Seidentuch besaß sie ja. Das wollte sie als Taschentuch mitnehmen. Sie nahm es vor, glättete sorgfältig wieder das Papier in dem es verhüllt gewesen war und steckte das Seidenzeug zu sich. –
Endlich war es Zeit. – Zehnmal trat sie wieder u. wieder vor den Spiegel bis sie sich überzeugt hatte, dass alles gut saß. Der Hut schien ihr selbst wie neu und die altmodische Jacke verdeckte das gelbe Hülltuch; Sie war mit sich zufrieden. – Kaum konnte sie ihre Thür versperren so zitterte sie vor Freude. Sie stürzte die Treppen hinab. Der Hausbesorger den sie heftig anstieß im Vorübereilen, fluchte und schaute ihr kopfschüttelnd nach. – Sie war unten. Der Regen hatte aufgehört. Karl stand am Eck. Vom Weiten erkannte sie ihn beim Schein der Laterne. Er trug einen gelben Überrock und sehr rothe Handschuh: Wie vornehm er aussieht, wie ein Graf, dachte Betty und lief ihm lachend entgegen. Sie reichten sich die Hand. Dann gingen sie. Das Mädchen sprach in einem fort. Auch ihr Begleiter war guter Dinge. Sie hätte gern etwas über ihren Anzug gehört; aber er sagte nichts. Eigentlich kränkte sie das. Aber da ward sie eines Gassenjungen gewahr, der in den Pfützen am Rande des Gangsteiges herumtappte. Das war sehr niedlich anzusehen und sie lachte wieder so laut, dass die Leute sich umschauten und Carl ein etwas unwilliges Gesicht machte. ——
Das Theater war voll. Die Logen füllten prächtige Toiletten und reiche Uniformen. – Im Parquet war noch ein Kommen und Gehen, Aufste-

---

1 Swahl. Hs.
2 Kachemirkleid. Hs.
3 Swahl. Hs.

hen und Sesselklappen. Leichte Grüße wurden getauscht hie und da ein paar Worte geflüstert . . . . . Wie das Summen eines Bienenstockes klang ein Murmeln durch die hohen, goldgeschmückten, lichten Räume; auf der Gallerie ab und zu laute Stimmen die heftiges »Pst« hervorrufen. – – Betty saß dort oben wie berauscht. Sie musste von Zeit zu Zeit die Augen schließen. Es war ihr, als müsste ihr diese Fülle von Licht das Hirn ausbrennen. Sie war selig. Bald war es ein Bild an der Decke, bald ein Zierrat an der Seite, bald wieder eines der kleinen Amorettchen, das die Brüstung der Gallerie mit Gypsrosen umwand, das ihr Entzücken im höchsten Grade wach rief. Unaufhörlich machte sie Karl auf all die Herrlichkeiten aufmerksam und sprudelte mitten dazwischen Worte des Dankes heraus für die große, große Freude, die er ihr bereitet. Karl schwieg. Er ärgerte sich. Die Leute herum wurden schon aufmerksam und machten ihre Bemerkungen. Neben ihm auf der anderen Seite saß ein junges, schönes Frauenzimmer die ihn fast mitleidig ansah. Der Commis empfand etwas wie Scham. Er that, als gehe ihn das Geplauder seiner Nachbarin nichts an, und strich mit weltmännischer Gleichgültigkeit in einem fort sein fettes, glattgekämmtes[1] Haar. – Die glückliche Betty aber bemerkte seine Verstimmung nicht. Sie schaute umher in den prächtigen Räumen, betrachtete die vornehmen, reichgekleideten Menschen und ihre ganze kleine, lichtarme Seele war voll Bewunderung Jubel und Dank. –

―――/―――

Die letzten Accorde der Operetten-Ouverture kletterten kichernd bis zur Gallerie hinauf. Sie schwangen sich auf bis zum barokken Stuck der Decke und schienen dort leise zu zerfließen. Für einen Augenblick rann ein Flüstern und Wispern durch die Weiten, aber das erste Glokkenzeichen zerschnitt den Lärm. – Still. Der Vorhang rauschte empor. Betty schaute unverwandt auf die Bühne. Beide Ellenbogen hatte sie auf die Brüstung gelegt und den Kopf in die Hände gestützt. Alles um sich hatte sie vergessen. Dort sah sie eine herrliche Landschaft und reich gekleidete Menschen; und jetzt als Trommeln wirbelten, Trompeten schmetterten und der Chor in einem flotten Antrittslied sich einführte, da glaubte sie vor Seligkeit vergehen zu müssen – auf der Stelle.

---

1 glattgekämtes. Hs.

Karl sah mit der Miene eines Menschen den nichts mehr überraschen kann, drein. Froh, dass Betty so vertieft war, fand er Gelegenheit sich mit seiner Nachbarin zu beschäftigen, die fest an ihn geschmiegt, – die Sitze sind so eng auf der Gallerie – ins Weite schaute. Er beobachtete sie. Bei den Ringellöckchen fing er an, die tief in die Stirne hinabfielen, streifte mit dem Blicke das zarte Profil mit dem feinen etwas vorlauten Näschen, den hochrothen sinnlich aufgeworfenen Lippen, dann den vom dünnen Satinstoff eng überspannten wogenden Busen und hinab, hinab bis zu dem spitzen vertretenen Lackstiefelchen, das den Takt eines kecken Liedes mechanisch mithämmerte. Zwei, drei Mal wiederholte er dieses Manöver. Beim Dritten Male blieb sein Blick an den blauen großen Augen des Mädchens haften eine ganze, lange Weile. Sie zuckte mit den Schultern und schaute auf. Der Commis ward roth bis über die Ohren und biss sich die Lippen. – Seine Nachbarin aber rückte noch näher an ihn. Er fühlte ihre weiche, warme Schulter, und es durchrieselte ihn vom Scheitel bis zur Sohle. Er empfand wie ihm heiß ward. Langsam wischte er sich mit dem Taschentuch die Stirne. Da wandte sich Betty auf einmal lachend zu ihm: »Schau,« – ihre Augen glänzten – »schau, wie komisch!« Er fuhr wie aus einem Traum, schaute erst ziemlich dumm drein, fasste sich dann und lachte ein wenig mit. – Die kleine Konfektioneuse aber hatte wieder nur Aug' und Ohr für die Vorgänge auf der Bühne.

Karls Nachbarin ließ jetzt ihr Taschentuch fallen. Der bereitwillige Galan bückte sich mit verbindlichem Lächeln. Sie sprach ihn an. Er antwortete erst verlegen, dann immer dreister und dreister, und steigerte seine Liebenswürdigkeit endlich bis zu jenem hinreißenden Grade mit welchem er besonders pünktlichzahlende Kunden auszuzeichnen pflegte. Er ließ seiner tropenreichen Rede freien Fluss, sprach von der Schönheit der Frauen und ihren Reizen, wie es in dem Colportageroman stand, dessen schönste Stellen er täglich vor dem Einschlafen auf's Neue durchlas. Seine Schöne berauschte sich in ihren Sitz zurückgelehnt an dem Weihrauchduft dieser Schmeicheleien und strafte ihn nur manchmals, wenn er zu kühn wurde, indem sie ihn mit dem Fuß anstieß, was ihn stets verlegen machte und über und über erröthen ließ. Endlich hingerissen durch den Zauber seiner Nachbarin bückte sich Karl um ihre kleine weiche Hand zu küssen . . . . Da ward es hell. Der erste Act war vorüber. Wie ein ertappter Schuljunge fuhr der Commis zurück und setzte sich mit komischer Grandezza zurecht. – Zu dumm! Er hörte wie seine Schöne kicherte. Da wandte sich auch noch seine Begleiterin zu ihm und begann ihn wieder mit einer Flut von Begeisterung und Dankesversicherungen zu überschütten, dass er Gott dankte, als das Theater sich wieder verdunkelte und die entzückte Betty ihre ganze Aufmerksamkeit wieder dem Stücke zuwandte.

Eigentlich that sie ihm leid, seine Betty! Wie herzlich u. innig sie ihm dankte! Sie war doch ein gutes Wesen und er dachte, wie er ihr immer gesagt hatte: »Wir werden uns heiraten« .... und jetzt? ... Schämen sollte er sich. – Er wollte alles wieder gut machen; sich um seine Nachbarin nicht kümmern, auf die Bühne schauen und der guten Betty treu bleiben. Sicher – er hatte sie ja doch sehr gern. – Er schaute also auf die Bühne. Dort sang ein schmachtender Liebhaber zu Füßen seiner Angebeteten schmelzende[1] Schwüre. Karl vertiefte sich in das Wesen der Handlung so gut er es vermochte, berechnete dabei gewohnheitsgemäß wie viel Meter doppelbreit die Sängerin zu ihrem reichen Kostüm gebraucht habe .... Da fühlte er wie sich ein Arm leise unter den seinen schob. Wie geschmolzenes Blei rann es ihm über den Rücken. Er rührte sich nicht. Seine blonde Nachbarin raunte ihm ein paar Scherzworte ins Ohr über Betty. Er war empört. Über seine Betty. Da musste er als des Mädchens Cavalier, – o, er wusste gar gut was er musste .... Rasch wandte er sich der schönen Frevlerin zu. Aber das Wort erstarb ihm auf den Lippen, als er ihr hochgeschminktes lachendes Gesichtchen knapp vor sich sah, den weichen Mund zu einem kekken Lachen geschürzt .... Alles was er sagte war ohngefähr: O, bitte schön, bitte schön. –

Fortan ließ ihn das Mädchen nicht mehr aus ihrem Bann. Sie wiederholte ihre freien Scherze, die sich zum Theil auf Bettys Aufmerksamkeit, zum theil auf ihr ärmlich herausgeputztes Äußere bezogen, und Karl lachte mit, anfangs gezwungen, später aber stimmte er voll ein und stellte zwischen seiner rechten und linken Seite Vergleiche an, die sehr zu Gunsten der übermüthigen Blondine ausfielen. Ja, als der zweite Akt vorüber war, und die arme Kleine ihm ihr blasses Gesichtchen mit den matten Augen zuwandte, erschrak er über ihre Hässlichkeit und konnte gar nicht begreifen wie er bisher so verblendet gewesen war, sich mit diesem Wesen abzugeben. Seinen kleinlichen Verstand bedrängten jetzt auch andere Gedanken. Hatte er auch dem abscheulichen Ding da das Theater zahlen müssen! Was das gekostet

---

[1] schmelzenden. Hs.

hatte! Und er rechnete rasch wievieler Tage das wieder brauchte um diese Lücke seiner ohnehin mageren Geldtasche zu füllen. Zu ihrem letzten Namenstage hatte er ihr auch noch Blumen gebracht. Er gab sich die entsetzlichsten Scheltworte und rückte immer weiter von der geschmähten Geliebten weg, so dass er, wenn er den Kopf ein wenig nach links neigte, schon die Löckchen seiner neuen, schönen Freundin zu berühren glaubte.

So begann der 3. Akt. Seine Nachbarin ward immer munterer und lauter, so dass bereits von unten eindringliche »Pst«! und mahnende Blicke heraufgeschleudert wurden. Mitten im Akte erhob sich die schöne, die wie er einstweilen vernommen hatte, Dora hieß: Sie neigte sich zu ihm, dass er ihren Athem spürte: »Mir ist zu heiß hier, ich fühle mich unwohl . . . . und so viel Menschen«, fügte sie wie rathlos hinzu. Karl überlegte: was sollte er thun? Sollte er sie begleiten? Und Betty! Ach was Betty! Er konnte ja dann wiederkommen – und schließlich . . . . . Zwei Minuten später bahnte Karl seiner Verführerin den Weg durch die ärgerlich ausweichenden Menschen. –

Betty hatte nichts bemerkt. Die Operette neigte sich dem Ende zu. Das arme Mädchen, das aus ihrem lichtlosen Leben ganz in die tönende Athmosphäre der heiteren Handlung sich versetzt fühlte, wandte kein Auge von der Bühne und erwartete mit angehaltenem Athem die Vereinigung der beiden Liebenden dort unten. Sie zitterte für ihr Glück. Sich selbst setzte sie an Stelle der schönen reichen Bühnen-Prinzessin und ihr Karl, ihr guter, guter Karl, das war ihr Prinz . . . . Und sie lachte vor Freude und Glück über diesen gelungenen Vergleich. Jetzt waren alle Hindernisse dort überwunden. Der Vater hatte ja gesagt, der Nebenbuhler war entflohen und Prinz und Prinzessin schritten unter den Klängen eines stolzen Marsches zur Kirche –. So werden auch wir dachte sie – ich und Karl zur Kirche gehen . . . . und ohne den Blick abzuwenden griff sie nach der Hand ihres Geliebten. Zwei, drei Mal tappte sie in die Luft, dann stieß sie hart auf das Holz des Sitzes neben ihr. Erschrocken sah sie auf. Die Plätze neben ihr waren leer. »Karl« rief sie, auf ihre Umgebung vergessend. Ihr Schrei verhallte in dem lauten Applaus. Sie aber war wie gelähmt. Alle Leute rings waren schon aufgestanden und eilten dem Ausgang zu. Endlich folgte sie ihnen. Sie ließ sich von der Menge drängen und schieben. Sie wusste nicht wie ihr war. Die Augen standen ihr voll Thränen. –

Da quoll ein dichter Menschenstrom aus den Räumen wo das Büffet war. Dort, dort erkannte sie auf einmal Karl. Ja, gewiss er war es! Sie drückte sich vor. Aber als sie zehn Schritte weit entfernt war bemerkte sie das Frauenzimmer an seinem Arme. – Sie blieb starrstehen. – Ein heftiger Schmerz stach sie im Herzen. Alles, Menschen, Säulen, Gänge begann sich mit ihr zu drehen. Sie hielt sich an der Wand fest. – Langsam erholte sie sich wieder.

Mühsam stieg sie die Treppen hinab. Hier und dort spöttelten ein paar Diener über sie. – Sie sah nicht was um sie geschah. Ihr war so eng in der Brust. Sie rang nach Athem. Sinnlos stürzte sie durch die nächste Thür ins Freie. Der kalte Wind fuhr ihr ins Gesicht. Da packte sie rauh jemand bei der Schulter. »He« rief der Thürsteher und riss sie zurück. Im nächsten Augenblicke wäre sie unter die Räder einer stattlichen Carosse gerathen, die eben auf der Rampe vorfuhr. – Sie schlich sich seitwärts – und blieb vor dem Theater stehen. Sie konnte nicht weiter. Die Füße waren ihr wie Blei. Es wirbelte ihr im Hirne. In den Ohren hörte sie Musik, frohe, hüpfende Klänge, aber nein, dann war es wieder wie das Knattern der Nähmaschine und dann war ein ungeheueres Brausen . . . . Die Sinne vergingen ihr. Als sie wieder zu sich kam, stand sie noch immer an dieselbe Säule gelehnt vor dem Theater. Der Platz war längst leer, die Lampen waren verlöscht. Ein toller Herbststurm tanzte vor ihr einen wüthenden Wirbeltanz und riss Staub und Papierfetzen in weiten Kreisen mit sich. Sie fröstelte. Ein Husten befiel sie, ein rauher, unbarmherziger, quälender Husten. Die rothen Flecke erschienen auf ihren Wangen, und es überkam sie ein Gefühl von Einsamkeit und Hilflosigkeit. Ein schluchzendes Weinen stieg aus ihrer beklemmten Brust. Sie presste das seidene Tüchlein das sie kaum zu entfalten gewagt hatte fest an die Augen. – Die Kälte trieb sie vorwärts. Achtlos trat sie mit den dünnen Schuhen in die schmutzigen Pfützen und das Ende des sorgfältig gehegten Shawles[1] schleifte durch den Straßenkoth . . . . So wankte sie fort in die heulende, lichtlose Herbstnacht . . .

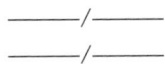

---

[1] Swahles. Hs.

EINE TOTE
Psychologische Skizze

San Remo, im März 189. .

Mein guter, guter Alfred!

Lang war mein Schweigen. Verzeih! Drei Deiner lieben Briefe muß ich heute in Einem beantworten. Sei bedankt. Sie taten mir so wohl. Die zarte, innige Besorgnis, die in Deinen Zeilen liegt, ist Balsam. Ich bin ja so einsam und so müd. – Es ist sonderbar um mein Leiden. Ich bin abgespannt, meine Glieder sind wie zerschmettert; Stunden aber gibts, da glimmert dieser Funken, den sie Leben nennen, wieder auf. Er wird zur Flamme. Lodernd leckt sie empor und ich fühle Kraft, Gesundheit, Zuversicht!. . . . Dummheit. – Der Arzt. . . ich will nicht vom Arzte reden. – Aber manchmal ist es sehr schlimm. Die Atembeschwerden, weißt Du, die . . . . Da spür ich manchmal wie die Luft drückt. Schrecklich schwer, sag ich Dir. Und dieser Husten. So langsam kriecht er herauf aus der Brust und dann schnellt er empor und packt mich an der Kehle . . .
Ich sitze auf der Veranda meines Hauses. Die blaue Luft streicht warm, feucht und golddurchwoben vom Meere. Duftige Sträucher schicken ihren Odem den Hang herauf. Ein Anblick voll Glück, Licht und Leben! Und ich schaue mit großen Augen in das volle, flimmernde Blau; und meine Gedanken . . . Meine Gedanken kehren jetzt immer häufiger zu einer Begebenheit zurück, die ich bisher in meiner Brust verborgen gehalten habe. – Es ist wohl ein Jahr her. – Du weißt, daß ich mich im Frühjahr in einem jener kleineren Bäder Böhmens, deren Besuch im Mai beginnt, aufgehalten habe. Ich war damals gesund, oder glaubte es doch zu sein. – Dort ist mir in W. etwas begegnet, was jene Schwermut in meine Seele gesenkt hat, die Du an meinen Briefen rügst, und die Du gewiß meiner Krankheit zuzuschreiben geneigt bist. Es war . . . doch Du wirst ja sehen. Ich habe Dir in meinen besseren Stunden alles kurz aufgezeichnet. Ich will kein Geheimnis vor Dir haben. Nicht sterben, ohne . . . Es kann ja kein Mensch wissen, wann er stirbt! Heut oder morgen und wenn die Sonne noch so hell scheint, und die Luft noch so klar und blau ist . . . Das kommt . . . Unsinn! Grüß mir die Deinen! Schreibe bald. Gott schirme Dich!

Dein

Gaudolf

*

Ich war den dritten Tag in W. Wenige Leute nur waren erst da. Man konnte die weiten Nadelwälder durchschreiten, sicher, niemandem zu begegnen, als ein paar ehrerbietigen Bauersleuten. Wälder sind meine Freude. Früh nachdem ich einen kargen Imbiß genommen, stieg ich die wurzelgeäderten Pfade hinan, kreuz und quer, und verlor mich bald in der reichbelebten Wildnis. Ich erfreute mein Auge an den mächtigen Farren, unter denen wie unter einem Malachit-Baldachin züchtige Blumenprinzessinnen thronten, ich betrachtete das winzige Geschlecht, das da den grünen Moosboden bevölkerte und mit tätigem Eifer her und hin hastete, und mein lichtes Auge folgte dem neckischen Eichkätzchen, das im kühnen Sprunge Ast mit Ast verband, und sich, durch den Tritt des Wanderers aufgeschreckt, in dem höchsten Wipfel der ragenden Tanne verbarg. Nachmittags spät kehrte ich erst von meinen Wanderungen zurück, nachdem ich in einer Bauernhütte mit leidlich derbem Mahle mich gestärkt hatte.
Zweimal schon war mir auf diesen einsamen Wanderungen ein Mädchen begegnet. Ein seltsames Mädchen. Sie ging immer allein und sobald sie an mir vorüberkam, hob sie die grauen, übergroßen Augensterne empor und schaute mich mit stillen halbverschleierten Blicken an. Diese Augen kann nie vergessen, wer sie einmal gesehen. Es lag etwas Weltverlorenes, überirdisch Ernstes darinnen. So etwa wie Gabriel Max seine Büßerinnen und Heiligen malt. Die Lippen hielt sie fest geschlossen, das verlieh dem durchscheinend bleichen Gesicht einen Zug von Härte, von ... Ich weiß nicht wie es kam; dieses Antlitz schwebte mir vor, wenn ich nachts in dem ungewohnten Gastzimmer erwachte. Bei der Tür, dort wo die Klinke im Scheine meines Nachtlichts schimmerte, hob sichs empor, und ich sah den Ernst dieses Gesichtes und die ganze schlanke Gestalt in dem anliegenden, schlichten Tuchkleid langsam auf mich zukommen. Mich schauderte ...
Sie wohnte im selben Hause. Mit ihren Eltern, sagte der Wirt. Dann tat er ein recht verschmitztes Gesicht und schwieg plötzlich, als ob ihm ein Wort hinter den gelben Zähnen stände, das er nicht frei lassen wollte. Dann aber faßte er Vertrauen. Er neigte sich zu mir. – »Nicht wahr, Sie sagens nicht weiter, Herr ... Das Fräulein ist so ein bißchen, wissens, was man so sagt, nicht ganz bei Vernunft – sie ...« Sein Redestrom hätte jetzt nicht so bald ein Ende genommen, hätte nicht die Ankunft eines neuen Gastes ihn unterbrochen.
Ich sprach kein Wort und ging. Sollte es wahr sein? Die Augen ....

Ich mußte dieses Wesen kennen lernen. Zu diesem Zwecke beschloß ich dem gemeinsamen Mittagessen der Gäste anzuwohnen. Ein wohlwollender Zufall begünstigte mich. Ich kam gerade neben den Vater des Mädchens, einen älteren Bureaukraten mit gutmütigen, weichen Zügen zu sitzen. Er selbst begann das Gespräch. Neben ihm saß das Mädchen, dann ihre Mutter. Sie konnten hören was wir sprachen. Über W. im Allgemeinen. Sie stammten aus einem kleinen Städtchen Südsachsens, wo der Vater die Stelle eines Magistratsrates, glaub ich, bekleidete. Der Tochter wegen seien sie hier; sie solle die Kaltwasserkur gebrauchen. Die Mutter bestätigte das mit ein paar Worten. Dabei erfuhr ich ihren Namen – Felice. Ich wandte mich an die Tochter: »Wie gefällt es Ihnen hier, gnädiges Fräulein?« Sie schwieg und schaute über mich hin, als durchdränge sie mit diesen tiefen, grauen Augen alles Körperliche. Die Mutter flüsterte ihr etwas zu, was ich nicht verstand. Sie schüttelte den Kopf. Die Mutter wiederholte scheinbar ihre Aufmunterung. Felice sagte leise, sehr leise, aber mit weicher, edler Stimme, wie ein Kind, dem man einen Satz vorsagt: »Danke, gut.« Der Magistratsrat verwickelte mich angelegentlich in ein Gespräch über Kanalbauten; das Essen war beendet. Ich erhob mich. Im Auge der Mutter glänzten Tränen. Sie winkte ihrem Gemahl zu. Der zog mich, nachdem die wenigen Gäste den Saal verlassen hatten, in eine Fensternische. »Mein Herr,« sagte er und seine Stimme zitterte, »unser armes Kind hat seit Jahren ein Gehirnleiden, verzeihen Sie ihr sonderbares Benehmen. Wir reisen von Bad zu Bad. Sie werden mein Vertrauen nicht mißdeuten. Das arme Kind!« Der Vater kämpfte mit den Tränen. »Ein entsetzlicher, unglaublicher Wahn ...« Der Wirt trat ein und kam auf uns zu. Der alte Herr verstummte. Er drückte mir die Hand, daß es mich schmerzte, und verließ mit hallenden, matten Schritten den Saal.
Ich habe mit Felice gesprochen. Das kam so. Auf einem meiner einsamen Morgengänge traf ich sie wieder. Sie ging wie immer ihres Weges, blickte auf und blieb stehen, als sie meiner gewahr wurde. Eine Weile schaute sie mich regungslos an; dann zuckte es wie eine jähe Erinnerung durch ihr Gesicht. – Vernehmlich sprach sie die Worte, die man ihr neulich vorgesprochen: »Danke, gut!« ... Ich erschrak. Also doch! Aber schnell faßte ich mich und sagte: »Sie suchen wie ich, Fräulein Felice, einsam den Wald auf, den herrlichen Wald.« – »Den herrlichen Wald«, wiederholte sie fast tonlos; aber ihre Brust hob sich unter dem grauen Kleide und in ihrem Auge wogte eine Flut von

Farbe und Licht. Dann ging sie weiter und ich neben ihr. Wir sprachen nichts. Ich gab mich der Weihe des Waldes und dem geheimnisvollen Zauber des schönen jungen Wesens hin, das da so ernst neben mir einherschritt. Ein Feldblümchen wucherte am Rande. Ich brach es und reichte es dem Mädchen hin. Sie nahm es, beschaute es mit traurigem Blick, zerriß dann, wie einem augenblicklichen Unmut gehorchend, den dünnen grünen Stengel, der leise stöhnte. Dann machte mir Felice eine abwehrende Bewegung und verschwand wegabseits in den dichten hohen Stämmen. Ich wagte nicht ihr zu folgen. Noch erkannte ich das graue Kleid in wechselndem Licht zwischen den dunklen Baumriesen, dann war sie ganz meinen Blicken entzogen.
So trafen wir uns einige Male. Sie schien Vertrauen zu mir zu fassen. Sie stimmte, wenn ich die Landschaft bewunderte, oder das köstliche Aroma der tannenduftenden Luft pries, leise ein. Schon *das* war mir Genugtuung. Auf einem dieser Gänge sagte ich zu ihr: »Fräulein Felice, sehen Sie die Blumen, wie froh die blühen, hören Sie den Gesang der Vögel, die Stimmen der Quellen . . . All das ermahnt zum Frohsinn und Sie sind so traurig?« Als ich aufschaute bemerkte ich, wie mich das Mädchen groß und fragend anblickte; dann bedeckte sie das Gesicht mit den Händen und weinte, weinte, daß mir ganz weh zu Mute ward. An diesem Tage sprachen wir kein Wort mehr.
Seither war eine Woche vergangen. Vergebens hatte ich auf meinen Wanderungen die liebe, gewohnte Begegnung erhofft, auch im Speisesaale fand sich Felice nicht ein. Sie sei ein wenig unpaß, sagte der Rat und die Mutter hatte rote Augen. –
Endlich traf ich sie wieder. Sie kam auf mich zu und sagte: »Sie haben mich heute gefragt . . . oder nicht heute . . .« Ich fühlte ihre Verlegenheit, die Vorstellung der Zeit hatte sich ihr verwirrt . . . »Ich habe gefragt,« ergänzte ich, »Fräulein Felice, warum Sie so traurig sind?« – Nie werde ich vergessen, was jetzt folgte. Das Mädchen trat einen Schritt zurück, sie hob den Kopf, ihre ganze Gestalt schien höher, übergroß, das Auge nahm eine eisige Starrheit an, und durch die blassen Lippen hauchte es, ohne daß sie sich regten: »*Ich bin tot.*«–
Unwillkürlich tat ich ein paar Schritte zurück. Und wie sie jetzt mit unmerklichen Tritten langsam auf mich zukam, da war mir wirklich, als ginge von dieser Gestalt ein Moderduft aus, so kalt, so schrecklich. Aufgeschrieen hätt ich wie ein Kind am liebsten. Ich ermannte mich. Ein Schauer ging mir über den Rücken. – Aber ich folgte ihr. Bis zu ihrer Wohnung geleitete ich sie. Wir sprachen kein Wort. Mir war ent-

setzlich zu Mute. Ich hatte Fieber, gewiß. – Die Nacht hindurch quälten mich irre Träume. Morgens erwachte ich matt mit schwerem, wüstem Kopfe.

Jetzt sahen wir uns häufiger. Oft saßen wir stundenlang neben einander auf einer Moosbank; ich erzählte ihr Geschichten. Sie hörte sehr aufmerksam, fast ängstlich zu. Ich trachtete sie möglichst durch heitere Ereignisse zu ermutigen. Dann sagte sie mir: »Du, (seit ein paar Tagen bediente sie sich immer dieses vertraulichen Wortes) weißt du das sicher?« Und wenn ich bejahte: »Ja, aber das waren Menschen, wirkliche lebende Menschen, aber ich bin ja tot, lange tot . . .« Dann mochte ich sagen, was ich wollte, sie blieb still – und ernst.

Einmal als sie meine Erzählung wieder mit diesen entsetzlichen Worten abgebrochen hatte, wagte ich die Frage: »Felice, wann bist du gestorben?« »Wann?« wiederholte sie und ihre Augen nahmen wieder jene Starrheit an, ihr Körper verlängerte sich . . . Dann aber zuckte sie zusammen, setzte sich an meine Seite und sagte mit kindlichem, rührendem Zutrauen: »Wenn ich es noch weiß, sollst du's wissen: Ich war ein Kind, ein kleines Kind, weißt du. So ein Kind, das mit Puppen spielt, Ball wirft und sich an Blumen freut. Das sind viele, viele tausend Jahre her. Ich hatte keine Geschwister, aber ein paar frohe, muntere Spielgenossen, die Marie, die von Bergers,« sie sagte das leise und zählte in kindischer Weise an den Fingern, »die Elsa, die Lene, Gretchen, Kurt, Hans«, beim letzten Namen zögerte sie und brach dann in heftiges Schluchzen aus. Ich konnte sie mit Mühe beruhigen. Dann lächelte sie wieder. »Mutter«, sagte sie mit den Mienen eines entzückten Kindes, »hat mir immer gar schöne Sachen gegeben, Püppchen, so ganz kleine, weißt du, mit wirklichen Schuhen und goldigen Haaren, aber«, über ihr Gesicht floh ein tiefer Schatten, »damals war ich ja noch lebendig und jetzt, jetzt bin ich tausend Jahre tot, tausend Jahre.« Ihr Wort erstarb tonlos. Mich schauerte.

Felice aber fuhr fort: »Wir spielten immer zusammen. Alle wir Kinder. Wir pflückten Blumen . . . Blumen . . .« Sie schien nachzusinnen; dann schüttelte sie mit dem Kopfe: »Ich muß dirs sagen. Es war im Herbst. Ein grauer, grauer Tag drückte auf die Welt. Du mußt zu Hause bleiben, sagt die Mutter. Aber die Uhr tickt so einsam; und die Bilderbücher habe ich so oft gesehen, so oft . . . und die Mutter geht in die Küche. Ich schlüpfe hinaus in den Garten. – Leicht, daß ich einen von den Gespielen seh' . . . Richtig, dort steht Hans zu Seiten des Gesträuches. Mein Schritt klatscht auf dem durchnäßten Boden; – er soll mich

nicht hören. Pst! ... also auf den Spitzen ... so, so ... hinters Gebüsch ... ein feiner Regen sticht mich in die Augen. Hans bemerkt mich nicht. Er hält etwas in der Hand. Ich schau deutlich: ein Vogel, ein kleiner, lieber Vogel. Was tut er? Er streichelt ihn wohl, so denk ich. Da hör ich piepsen. Piep ... Piep ... hörst du's?« Sie faßte mich bei der Hand. »Das klingt so bang; und die Luft war so grau und ich bieg' die Äste weg ... und da, da ...« Felice war aufgesprungen, sie stieß die Worte in atemloser Erregung hervor und starrte auf einen Punkt, als stünde dort der Knabe. »Da siehst du, siehst du, er drückt dem kleinen, armen Vogel beide Daumen an die Kehle, der schreit und flattert. Hans aber lacht, siehst du's, wie er lacht. Und er drückt zu ... und ich will schreien und kann, kann nicht ... Der kleine Vogel reißt den Schnabel weit auf, weit – – – dann fällt das Köpfchen herab .... da, da zuckt mirs so da, da durch,« sie fuhr nach dem Herzen, »und da – bin – – – ich – – – gestorben.« Ihr Wort ging tonlos aus. Sie ließ sich neben mir auf die Bank fallen. Ihre Augen waren geschlossen. Kein Atemzug hob ihre Brust ... sie lag neben mir, ein entsetzliches Bild des bleichen, bleichen Todes ...
Wir saßen selbander auf der Moosbank. Es war einer jener herrlichen Frühsommertage, wo die Welt eine große volltönende Hymne scheint, die die Schönheit preist des wahren wonnigen Lebens. Der Wald schien ein Tempel, auf dessen stämmigen Säulen die unendliche Decke in blauender Klarheit ruhte; der Wind bewegte mit zartem Hauche die Zweige und aus dem Tannicht stieg des berückenden Duftes schmeichelnder Weihrauch. Stille. Mir war, als ginge an uns vorbei auf dem moosumrandeten Pfade eine gute, milde, segenstreuende Gottheit, der die Menschen zu opfern vergessen, einsam dahin. Ich glaube es war ein Gebet, das mir in der Seele erwachte, tief, tief, ein Gebet zu diesem unbekannten, übermenschlichen Wesen des Waldes, das bis auf die Lippen sich rang. Ich flehte, es möchte das holde Weib neben mir aus der schrecklichen grauen Umnachtung aufwachen und rings um sich freudig den Odem des lieben, lebendigen Lebens ahnen und fühlen ... Hatte ich laut gesprochen? Das Mädchen legte die Hand sanft auf die meine und blickte mich an so traurig, daß mein Herz aus dem Taumel der Freude jäh auffuhr ... Es würgte mir die Kehle. Ich wollte etwas sagen, ermuntern, trösten. Das Wort erstarb. Wir schwiegen. – Vor uns lag der weite sonnendurchflutete Wald. Lustige Lichter hüpften in übermütiger Hast hin über den Moosgrund und erloschen ferne im Dunkel verdämmernder Stämme. – Ich starrte

vor mich auf den Weg. Da hüpfte gegenüber aus dem Dickicht ein kleiner, kecker Vogel geradenwegs auf uns zu. Er sprang hin über den Kiespfad, badete das graue Gefieder in der glühend durchsonnten Sandflut und kam auf uns zu, dicht bis an unsere Füße. Ich bemerkte, daß Felice aufmerksam das niedliche Tierchen verfolgte, wie ihre Züge heller und heller wurden. Ja, wahrhaftig sie lachte ... So hatte ich sie noch nie gesehen. Ich erinnerte mich, daß ich ein paar Brosamen in der Tasche trug, die streute ich nun dem zutraulichen Gaste hin, und er pickte sie auf und drehte sein Köpfchen nach rechts und nach links und neigte sich wieder zur Erde. – Das Mädchen neben mir legte behutsam die Hand auf meine Schulter und wandte den Kopf mir zu. Ich sah ihr in die Augen. Aber wie war mir, die Schleier, die trüben, verhüllten nicht mehr die grauen, tiefen Lichtsterne; sie strahlten in so unsagbarem Glück auf, daß es mich wie ein holder, jauchzender Wahnsinn packte: »Felice,« schrie ich, »du lebst«, und drückte das bebende Weib in seliger Sehnsucht an mich. Sie schwieg. Sie hielt mich fest umschlungen, dann riß sie sich los, begrüßte mit klaren Blicken des innigsten Dankes Himmel, Licht, Sonne und Dasein, eilte in meine Arme zurück und weinte, das Köpfchen an meine Schulter gepreßt, erlösende Tränen der Freude. Glücklich wie Kinder schritten wir beide heimwärts und es war des Jubels kein Ende, gar erst, als die bangen Eltern das entzückende Wunder vernahmen.
Felice war genesen. – – –
Erlaß mir von der Zeit zu sprechen, die jetzt folgte; laß mich kurz enden. Es war eine Zeit namenlosen Glückes. Ich müßte die Sprache der Himmel reden, um dir diese Wonnen zu schildern. Das holde Wesen zu sehen, das in kindischer Freude das flutende Leben begrüßte, die kleinen Freuden der Natur, an denen wir verwöhnt und gefühllos vorübergehen, mit bebendem Busen und flammendem Blicke genoß, und das jetzt im unschuldsreinen Herzen mit mädchenhafter Scheu das heilige Geheimnis nieageahnter Liebe aufkeimen fühlte ...
Das schreckliche Gespenst, dem ich zum Opfer falle, und dessen Nahen ich von Kindheit auf fürchtete, trat damals zuerst an mich heran. Ich fühlte Beschwerden, spuckte Blut. Die Ärzte schüttelten den Kopf: Nach Süden, nach Süden. Lange verschwieg ichs Felice, die meine Braut geworden war. – Endlich überfiel mich einmal in ihrer Gegenwart der Husten. Sie scherzte erst. Ich winkte ihr zu gehen. Da ward sie ängstlich. Sie blieb. Als ich mich von meinem Anfall erholt hatte, gestand ich: – Daß ich sie nie heimführen dürfe, daß .... was weiß ich

was Alles ... Sie lag schluchzend in meinen Armen. Ich weinte auch. Spät trennten wir uns. Entsetzlicher Abend! Als ich sie zur Tür geleitete, war es schon dunkel. Und da, wie sie so vor mir stand, da legte sich wieder der trübe Nebelhauch schrecklicher Starrheit über die fluttiefen großen Augen, ihre Gestalt wuchs, die Hand in der meinen ward eiskalt, und ein Moderhauch schien von ihr auszugehen ...
Damals sahen wir uns zum letzten Mal. Den nächsten Tag reiste ich ab. Der Rat war beim Wagen. Felice schickte ein Briefchen. Ich nahm es zu mir, bat ihr meinen letzten Gruß zu bringen und riß mich endlich aus den Armen des alten Mannes. Im Coupé erst wollte ich Felice's Zeilen lesen. Ich war noch zu erregt. – Ich hatte im Zuge Platz genommen. Als das Hin- und Herlaufen der Reisenden vorüber und ich in meinem Abteil allein geblieben war, nahm ich das teuere Kleinod vor. Ich las nur die Worte ... »Leb wohl, ich muß zum zweiten Male sterben!« ... Ein schreckliches Ahnen ergriff mich. – Ich mußte zurück. Ewigkeiten schienen mir die Minuten bis zur nächsten Haltestelle. Endlich! »Wann geht der Zug zurück?« »In zwei Stunden!« – Da tritt der Stationschef auf mich zu: »Sind Sie Herr M....?« ... Ich nicke, zu sprechen vermag ich nicht. – Ich sehe, wie er ein Telegramm hervorzieht. Mechanisch öffne ich: »Felice beim Teich abgerutscht, – alles vorüber. Gott stärke uns ...«

TOTENTÄNZE
Zwielicht-Skizzen aus unseren Tagen

⟨I⟩
UND DOCH IN DEN TOD

Ein Augustmorgen ging goldsohlig an mir vorbei in den Wald.
Ich lag da im krausen, glitzernden Moose und schaute ihm nach. Ich sah, wie er lichtgrüne Reflexe auf den silberweißen Kies schleuderte, als streute er Malachitkrystalle um sich her. Und ich vernahm seinen leisen, leichten Schritt, der die staunenden Blumen erweckte aus dem langen, lieblichen Schlummer.
Ich streckte die Arme weit aus und ⟨er⟩blickte jetzt nur die hohen Lärchenwedel, die sich leise wiegten her, hin – her, hin, als sollten sie den blauen Himmel blank scheuern. Und er war doch so klar!
Jetzt regneten mir silberne Pünktchen in die Augen, dicht, immer dichter, bis eine Fülle von Glanz auf ihnen wuchtete. Da schloß ich die Lider. Licht war in meiner Seele – und ich atmete tief und ruhig das starke, würzige Waldarom . . . .
Und da knackten die Äste. Ich rührte mich nicht. Aber ich dachte dunkel und verschwommen:
Ein Reh – gewiß. Und ich stellte mir unwillkürlich das braune zartgelenkige Tier vor, wie es neugierig und zaghaft mit großem, schwarzem Auge aus grünem Blätterrahmen zu mir herüber staunt . . . .
Es knackte wieder.
Aber das waren menschliche Schritte.
Ich ward nüchtern. Mit jenem unwillkürlichen Schreck, den man empfindet, wenn ein Fremder uns in Träumen überrascht, richtete ich mich empor.
Ich musterte die Runde.
Nichts.
Da – doch. Hinter dem Buschwerk: Eine Gestalt. Ein Mann. – Sein Gesicht sah ich nicht. Er trägt einen grauen Rock. – Ein Jäger, denk ich. Ich will mich wieder zurücklehnen. Aber – ich habe doch keine Ruhe.
Lautlos, als hätte ich Angst, erhebe ich mich. Und da im Augenblick

starrt mich ein Gesicht an, ein verzerrtes verhärmtes Gesicht, mit zwei unsteten, glimmenden Augen . . . Eine Hand hält er hoch. Und diese Hand – mein Gott – diese Hand preßt eine kleine Schußwaffe an den flachen Schlaf . . . . . .

Der Mann hat mich bemerkt. Schlaff fällt ihm der Arm herab.

Ein kaltes höhnisches Lächeln umfurcht seine tief gezogenen Mundwinkel.

Wir stehen einander stumm gegenüber. Sein Blick glimmt Zorn.

Ich fasse Mut. Hart trete ich an ihn heran. Und ich sage nur ein Wort mühsam aus trockener, enger Kehle heraus:

»Warum?«

Und da lacht er. Ein Lachen, das den heiligen, blauen Morgen zerfetzt. Mich fröstelt. – Er aber schweigt.

So stehen wir beide regungslos. – Hoch über uns rauschen die Wipfel. –

Und dann packt den Mann vor mir ein Schluchzen, das ihn rüttelt. Und er kniet hin und faltet die aderreichen Hände:

»Ich kann nicht leben« – stammelt er. – »Ich kann nicht . . .«

Ich lasse seinen Schmerz austoben.

Er wird ruhiger. Das Pistol birgt er in der Tasche. Und er erzählt mir:

Er hat ein Weib daheim. – Er liebt dieses Weib. Und sie ist gut und sorglich.

Aber es kommen Tage, da ihr Aug' (sie hat blaue Augen) grün ist, ihre Wange bleich, und da ihre Lippe begehrlich sich wölbt, als schlürfe sie den süßen Duft eines trauten Geheimnisses.

»Dann nennt sie mich beim Zunamen. Berger, sagt sie, und sie nennt mich sonst nie so. Dann weicht sie mir aus und schlägt die Lider nieder, wenn ich sie anschaue, dann ist sie vergeßlich, fremd, abwesend. –

Sie ist krank, dachte ich. –

Aber das geht immer vorüber.

Und neulich war es wieder so. Ihr Aug' war über mich weg in weite Ferne gerichtet, ihre Hand bebte . . .

Als sie in ihr Zimmer gegangen war, schlich ich nach.

Und durch eine Ritze sah ich, wie sie drinnen weinend auf den Knieen lag und welke Blumen küßte – küßte mit einer Inbrunst, wie sie mich nie geküßt, auch in der Brautnacht nicht!

Und seither weiß ichs. – Sie hat jemand geliebt, vor mir geliebt. Sie liebt ihn noch!« Am ganzen Leibe bebend schrie er das in den Wald. –

»Und in diesen Tagen, da berauscht sie sich an dem heißen Duft ihres verwelkten Glückes. Und so betrügt sie mich. – So wirft sie sich, die mir allein gehören soll, in die Arme eines Schattens . . .«
Tonlos ging sein Wort aus. – Und inniges Mitleiden beseelte mich. Ich schob meinen Arm unter den seinen: »Kommen Sie.« Und jetzt sprach ich ihm beruhigend zu.
Er möge offen gegen sein Weib sein. Ihr sagen, was ihm Kränkung bereite; sie werde ihm gewiß mit Offenheit vergelten. Dergleichen mehr.
Er wurde wirklich gefaßter.
»Sehen Sie,« sagte ich, »das Mitgefühl mit Ihnen, Herr Berger, und die einsame Stille des Waldes, heißt mich Ihnen ein Stück meines Lebens erzählen. – Jahre sind's her. – Ich liebte ein Mädchen. – Für dieses Mädchen strebte und schaffte ich. Und eines Tages wußte ich: sie hintergeht dich. – Und ich blieb ganz ruhig. Ich ging in die einsame Heide hinaus. In meiner Brusttasche war ein geladener Revolver. Ich fühlte, für mich gab es nichts, als den – Tod. Und ich stand draußen in der öden Weite und blickte um mich. Niemand. – Ich griff also in die linke Tasche – und wie ich die Waffe fasse, ziehe ich ein Stück Papier mit heraus. Unwillkürlich betrachtete ich dasselbe.
Es war eine kleine, schlichte Novelle von duftstarker Poesie, die ich einmal in glücklicher Stunde geschrieben. Und ich las zwei, drei Zeilen.
Und dann setzte ich mich auf den Rain, legte das Pistol neben mich und las fort.
Wie Öl flossen die schlichten, innigen Worte in den Sturm meiner Seele hinein. Nach einer halben Stunde ging ich klaren Auges stadtwärts. – Ich wußte, es gibt eine Heilung für mein Weh. Eine starke Arzenei: Arbeit. –
Das ist meine ganze Geschichte.«
Der Mann neben mir schaute mich groß an – mit dankbarem Blick. Er sagte nichts. Aber er faßte meine Rechte mit beiden Händen und drückte sie. – Schon dieser kräftige Druck sagte mir: – er ist dem Leben wiedergewonnen. –
Wir gingen selbander fort weiter in den Wald. – Der schimmernde Augusttag goß goldenen Frieden in unsere gerührten empfänglichen Herzen. Wir schwiegen; aber wir blickten uns von Zeit zu Zeit an, wie gute, alte Freunde; wir verstanden uns. –
Und später plauderten wir. Leichthin über Vergangenes und Zukünftiges, Erinnerungen und Wünsche. – Und seine Worte klangen so ruhig, so friedlich in die Mittagsstille. –

Dann plötzlich fragte er: ... »Und haben Sie ganz verschmerzt«...
Ich betonte: »Ganz«...
Er blickte mich forschend an: »Wirklich?«
»Wodurch soll ich Ihnen beweisen?« meinte ich obenhin.
»Wodurch?« – Er sann nach.
Dann lächelte er: »Sind Sie im Stande, den Namen des Mädchens ganz ruhig auszusprechen?«
»Wie denn nicht: Helene Croner.«
Da kracht neben mir ein Schuß. Mit zerschelltem Schädel wälzt sich Berger im Moose. – Er blieb auf der Stelle tot.
Am nächsten Tage durchblätterte ich die Zeitung. Auf dem letzten Blatt im äußersten Eckchen stand die schonend gehaltene Todesanzeige Berger's. Unterzeichnet war dieselbe:
    Die tieftrauernde Witwe
    Helene Berger,
    geborene Croner.

⟨II⟩
DAS EREIGNIS
Eine ereignislose Geschichte

Man saß beim Tee bei Frau von S. . . . . . – Auf dem blendend weißen Tischtuche stand der mächtige russische ›Samovar‹ und begleitete mit melodischem Summen die Gespräche. Die Ereignisse des Tages waren nach allen Seiten gewendet und gedreht worden, die Kunstausstellungen und Theater boten keinen allzureichen Stoff im Frühherbst. Es drohte eine jener Pausen einzutreten, welche wie dicke Luft alle bedrückt und ängstigt, und in welche dann die Kaffeelöffel und Tassen laut und gellend hineinklingen.
Aber die Hausfrau empfand die Gefahr. Frau von S. . . . . ., eine noch junge, rotblonde Witwe, machte den Vorschlag, jeder sollte die interessantesten Begebenheiten seines Lebens erzählen. Beifall.
Ein junger Mann, von des Zufalls und weiland seines Papas Gnaden Baron, – begann. –
Er näselte ein paar Abenteuer, mühsam und von dem Lachen über die Fürtrefflichkeit seines eigenen Witzes immer wieder unterbrochen, hervor; Abenteuer, deren Szenerie immer ›Bretter‹ oder ›Brettchen‹ von der Bedeutung der Welt, deren Hauptpersonen jene Damen mit den kurzen Röcken und dem kurzen Verstand, mit leichten Füßen und noch viel leichterem Herzen waren. – Mehrere Male war die Dame vom Hause gezwungen zu hüsteln, wenn der glattrasierte, blinzelnde Freiherr sich allzu eingehender Detailmalerei befleißte. Dann kniff er wie beschämt seine farblosen Augen zusammen und errötete bis an die spärlichen mattblonden Haupthaare.
Endlich hatte er geendet. – Er meckerte in seiner Weise ein Lachen vor sich hin. Die Herren lachten mehr oder weniger herzlich mit, die Damen hatten die Teetassen an den Lippen, so daß man ihre Mienen nicht gut betrachten konnte.
Hierauf polterte ein Major ein paar Erinnerungen wach, sprach, lachte, fluchte und kommandierte in einem fort, ohne Rast, daß es klang wie Kleingewehrschnellfeuer . . .
Und dann Der und Jener.

Einer wußte auch von Ägypten zu erzählen. Lebendig schilderte er die Wüstenreise mit ihren Schrecken und Fährlichkeiten.
Dann lehnte er sich zurück, sprach mit leiser, weicher Stimme von den Mondnächten am Nil und der Pracht des Lotos.
Eine träumerische Rührung lag über allen, als er geendet. –
»Und nun kommt die Reihe an Sie, Herr Savant«, wandte sich die Frau vom Hause an einen etwa dreißigjährigen blassen Mann.
Er erhob bei der Aufforderung sein großes, graues Auge.
Um seine Lippen huschte unstet ein Lächeln.
Ein irres, müdes Lächeln.
Wie ein Mondstrahl in einer Herbstnacht durch ein Distelfeld geht.
Aller Augen waren auf ihn gerichtet.
Er betrachtete jetzt seine Fingernägel.
Er seufzte leise.
Und hub dann an, ohne aufzublicken.
»Sie werden mir nicht Glauben schenken, wenn ich Ihnen sage: Ich habe noch nie etwas – erlebt. –
Nie.
Mein Leben rollt hin wie der Regentropfen vom Dache. Gleichmäßig, blöde, monoton.
Und so war es immer. –
Und es ist schrecklich, daß es immer so war.
Aber . . . . . .
Doch Sie sehen, gnädige Frau, ich wüßte keine erfreulichen Worte zu sagen, daher gestatten Sie mir zu schweigen.«
Aber da gabs heftigen Widerspruch!
Und die Hauswirtin scherzte in das allgemeine Geraune hinein: »Jetzt müssen Sie fortfahren, Herr Savant; Sie haben uns einmal neugierig gemacht, und wir Frauen können das nie ungestraft hingehen lassen.«
Der junge Mann richtete sein Auge, als blickte er durch Alle hindurch, ins Weite.
»So sei es«; lispelte er trocken.
»Muß weit ausholen; will es aber kurz machen.
In meinem Herzen liegt ein Drang nach Großem, Mächtigem, Ungewöhnlichem! Immer, als Knabe schon, empfand ich diesen Drang. Ich las die Märchen alle in mich hinein. Und aus den Bruchstücken, die mir die schönsten schienen, baute ich das Märchen meiner Kindheit. –
Kein erlebtes, aber ein erträumtes. Denn die Tage meiner Jugend flos-

sen so eintönig dahin, wie ein Bach im Flachland. Keine Erregung, kein Unfall, kein Geschehnis, das in meine Seele tiefer hätte greifen dürfen. – Die Mutter war weich und empfindlich, mürrisch und düster mein Erzeuger. Ich empfand eine gewisse naturgemäße Anhänglichkeit, die ich gern Liebe genannt hätte, für sie. Frühzeitig starben beide. Ich weinte. Aber ohne Schmerz. Nur weil ich einen Druck in den Lidern fühlte. Dieselbe Last, die man zu empfinden vermeint, wenn man in allzu grelles Licht sieht.
Herzlich gern ließ ich das Vaterhaus, seine düsteren Stuben voll steifbeiniger melancholischer Lehnstühle.«–
Der Baron hüstelte. Die anderen aber waren gespannt und blickten etwas unwillig nach dem Störer. Er schwieg also.
»Hinaus,« – fuhr der Erzähler, der nichts bemerkt hatte, fort – »hinaus, dachte ich, gehst du jetzt in die Welt, ins Leben, von dem sie immer erzählt, daß es wild, stürmisch und wechselvoll ist. Du wirst kämpfen dürfen! Und ich zog hinaus. –
Aber ich mußte nicht kämpfen. Das Schicksal wollte es nicht. Ich fand Freunde meines Vaters, die sich freuten, mir Gönner sein zu können. – Sie ließen mich die Mittelschule besuchen, gaben mir Nahrung, Kleidung, Wohnung, und wieder rollte das bleierne Einerlei über mich seine Nebel. Nur daß ich in helleren Zimmern saß, etwas mehr Fleisch genoß als zu Hause und daß ich Suppe mit Gewürzen aß, was der Vater nicht hatte mögen.
Und die Hochschule kam. Manche Zeit war ich fleißig. Aber es trug mir kein besonderes Lob ein. Ich ließ die Arbeit im Stiche. Aber ich fiel nicht durch; nein, ich kam gerade recht in die monotone Beamtenbahn hinein.
Ich mietete das Zimmer, das ich heute noch bewohne. Das echte Mietzimmer für ledige Herren mit Kleiderständer und eisernem, winzigem Waschtisch.«
Ein Schauer rüttelte den jungen Mann. Er schloß eine Weile die Augen, und dann: »Es kam ein Tag, wo ich das erste Ereignis meines Lebens nahe wähnte. Ich glaubte ein Weib zu lieben. Mit einiger Erregung gestand ich ihrs. Sie war auf der Stelle mit sich einig. Wir verlobten uns.
O hätte es nur einen Widerstand, einen Zwischenfall gegeben!
Hätte sie sich geweigert und mich den herrlichen, süßen Kampf kämpfen lassen, als dessen Preis sie Leib und Seele setzen durfte. Aber nein, nein. Und ich malte mir in Gedanken aus, wie dann Alles doch

nur glatt im alten, ausgefahrenen Gleise gehen würde. Ich bebte davor. Und als ich eines Nachmittags im Kaffeehause saß (ich sitze nämlich seit zehn Jahren täglich von vier bis sechs im Kaffeehause), – da schrieb ich ihr ab. Mit paar Worten auf einer einfachen Karte, in ungelenken Sätzen, die schmutzig aus der abgenutzten Gasthausfeder herausflossen. – Ich fühlte, daß es ja doch dies nicht sein könne, was man Liebe nennt. Denn ich war ja die ganze Zeit so ruhig gewesen. Nein, gewiß sie war mir ganz gleichgiltig. – Aber mit boshafter, toller Freude stellte ich mir dafür vor, welchen Schrecken meine Zeilen hervorrufen würden. Welchen vielleicht unheilbaren Schmerz ich durch meine Absage in dies Frauenherz schleudern konnte....
Sie würde voll der Vorwürfe zu mir kommen, mich zur Rechenschaft ziehen – und ich, ich würde dann kalt und hochmütig sie von mir weisen – aus Übermut, nur um endlich, endlich etwas zu – erleben.
Mit diesen Gedanken ging ich aus dem Kaffeehaus heimwärts. Auf meinem Tische lag ein Brief. Ihre Handschrift! Ich reiße ihn auf: Ihre Absage! – Ebenso kalt, nüchtern und ruhig wie meine, die unterwegs sein mußte.«
Und Herr Savant stützte den Kopf in die Hände und schwieg.
Ganz schüchtern klapperten die Löffel. Der ›Samovar‹ war verstummt, als müßte auch er lauschen.
Niemand hatte Lust ein Wort zu sagen.
Nur der Major brummte etwas in seinen struppigen Bart.
Der junge Freiherr fuhr mit der beringten, weißen Hand hin und her über seinen Kahlkopf. Er sah jetzt sehr dumm aus.
Nach ein paar Sekunden hob der junge Mann wieder sein Haupt. Er musterte mit großem Auge die Runde und sagte dann träumend:
»Also – nichts; – wieder nichts.
Wieder trollten Tage, Wochen, Monate, Jahre vorbei.
Eines dem anderen zum Verwechseln gleich.
Täglich kam ich abends nachhause zur selben Stunde.
Täglich wußte ich: der Schlüssel wird krachen, wenn ich ihn ins Schloß stecke, sich erst nicht drehen lassen und dann nach einer Sekunde mir leicht und willig die Tür öffnen, – auf dem Schreibtisch werden ein oder zwei bedeutungslose Briefe harren, und die Schlafschuhe werden beim Lehnstuhl liegen, statt unterm Bette, wohin ich der Bedienerin sie zu legen befohlen hatte.
Und täglich kams so. –
Einmal noch eine Unterbrechung. Mir ward ein Verhaftbefehl zuge-

stellt. Ich war mir keines Vergehens bewußt. Aber alles jubelte in mir: ein Ereignis. Ich zog mich sorgfältiger denn sonst an, mich zu Gericht zu begeben in Begleitung des draußen harrenden Schutzmannes. Allein ich war noch nicht angekleidet, da trat ein Beamter bei mir ein, erzählte von einer Verwechslung und bat mich um Vergebung ob der Belästigung . . . .
Und dann wieder Jahre . . . . .
Wie oft hab ich schon ein Verbrechen begehen wollen.
Vergebung, gnädige Frau«, unterbrach sich Savant, als er bemerkte, wie erschrocken ihn Frau von S. . . . . . anblickte. »Sie haben verlangt, daß ich erzähle, und ich will nichts verschweigen. Ja, ich war oft daran, ein Verbrechen zu begehen; denn ich will, ich muß mit aller Gewalt endlich ein Ereignis hereinzerren in mein graues, grausames Leben!«
Sein Auge lohte, wie das eines verwundeten Wildes.
»Den Nächsten erschlagen! So packt es mich oft auf der Straße. Aber dann fehlt mir das Mittel und die Kraft. Und ich stehe da, wie ein blöder Schulbube, der die Federn vergessen hat und schreiben soll . . . .
Oft auch geh ich aus mit dem Pistol in der Tasche. Aber dann begegnen mir nur Leute, auf die zu schießen mich ekelt. Kleine verschrumpfte Gestalten, die mit dem bißchen armseliger Daseinskraft am Leben haften, wie die Spinne an ihrem Faden. Und wieder markige Arbeiter, die das Recht des Lebens an ihren schwieligen Händen tragen und auf der dumpfen, rußigen Stirn. –
Wenn ich doch wenigstens wahnsinnig würde, das ist mein Gebet, wenn ich nachts schlaflos daliege.
Und bisweilen, da ist mir auch: Jetzt kriecht es herauf. Schwül und schrecklich. Und jetzt kichert es mir im Schädel und lacht mich aus – lacht . . . und ich lache mit, laut und gellend. Aber dann ist es doch nicht. Ich nehme ein Zeitungsblatt und lese zwei, drei Zeilen, und sehe, daß ich alles noch erfasse Wort für Wort, Satz für Satz. – Nein, auch wahnsinnig darf ich nicht werden! Auch das nicht.«
Savant kämpfte ein Weinen zurück.
Alle saßen stumm da und blickten entsetzt auf den Sprecher. Nur der Major, der krebsrot war, hackte mit dem Sporn des linken Fußes leise gegen die Dielen.
Das klang wie Totenwurmpochen.
Ein Schauer ging durchs Zimmer.
Keine Tasse regte sich.
»Ich bin zu Ende«, raunte der Unglückliche jetzt matt und klanglos.

»Ein anderer könnte glücklich sein in diesem glatten, farbenarmen Leben. Er könnte gut und viel essen, die gute Verdauung behalten und sehr dick werden.

Mich aber, mich, der ich einen heißen, sehnenden Drang nach einem Ereignisse in mir trage, von Kindheit an, mich tötet es.

Meine Wange glüht vor Sehnsucht, aber der Sturm des Lebens kommt nicht, der sie kühlen soll.«

IHR OPFER

Sag! Bist du schon mal an einem Spät-Septembermorgen eine mittelböhmische Landstraße gegangen? – Der niedere, nebelschwangere, beengende Himmel scheint wie ein schmutzig graues Zeltdach auf die verkümmerten, fahlen Roßkastanien gespießt, welche die nußfarbige, von tiefen Räderrinnen gerunzelte Straße umgrenzen. Die rote Sonne hat ihr dunsttrunkenes Gesicht in dichte Schleier gehüllt; ein paar irre Strahlen huschen über die Wolkenwand und randen den Straßenkot mit gelben, dünnen Strichen. Ein mißmutiger Wind wälzt gelbe Blätter hin und wider und zerwirbelt den fadenscheinigen Rauch, der aus fernen Dorfdächern kriecht, – das ist ein Bild von unsäglicher, unbeschreiblicher, hilfloser Wehmut. – Wenn ich dies Bild denke, fühle ich einen großen Schmerz in der Nähe meines Herzens. Es zuckt dort etwas zusammen – und zerrt, zerrt bis mir die Tränen in den Augen brennen ...
Dasselbe Gefühl ist in mir wach – wenn ich an das arme Weib denke, dessen Geschichte ich dir erzählen will.
Höre!
Die Dichter preisen die Liebe; und es muß doch etwas sein um ihre Macht. Ein Strahl der Sonne ist sie, der verklärt – sagen diese, – ein Gift, das berauscht, sagen jene. Und wirklich, ihre Wirkungen sind denen des Lustgases ähnlich, das der Arzt vor einer schweren Operation dem zitternden Kranken einflößt, – der Leidende vergißt den wühlenden Schmerz ...
Agnes hatte auch alles Ungemach vergessen, – seit Wochen. Seit sie Hermanns Weib geworden war. – Waren es denn wirklich Wochen? – War es nicht vielmehr ein einziger lustschäumender Augenblick unnennbaren Glückes? Jene Zeit, wo Millionen neuer, süßer, geheimnisvoller Empfindungen im Herzen des Weibes – wie Elfen aus mondgeküßten Blüten – aufsteigen, wo die Jungfrau selbst zitternd staunt vor der Fülle der Gefühle, die in ihrem Innern ruhten, und wo ihr Auge glänzt wie eine heilige, ewige, erlösende Gottesverheißung.
In jener Zeit dämmert keine Frage auf in ihrer Brust, keine Sorge, kein Bangen bewölkt den Spiegel ihrer Seele. Sie lebt eine einzige, große, jauchzende Gegenwart, die keine Vergangenheit kennt, vor keiner Zukunft erbebt.

Und diesen süßen Rausch der ersten wonnigen Wochen schloß das verklärte Weib in ihr keusches Herz – und nahm ihn mit in die kommenden Jahre. –

*

Zwei Jahre. – Alles war anders geworden. Hermann war kalt und streng, teilnahmslos und geistesabwesend. – Seine stürmische Künstlerseele hatte rasch den Schaum der Liebesbegeisterung geschlürft – und das Weib war ihm nun nichts mehr – als ein Becher mit schalem, abgestandenem Tranke gefüllt.
Sie wußte es; der Rausch war vorüber. Sie sah schrecklich klar. – Sie wußte, daß sein Lächeln Mitleid war, seine seltene Schmeichelei Erbarmen, sein hauchender tonloser Kuß Gewohnheit. –
Sie wußte es – und sie verzieh.
Sie wußte aber auch, daß er schuldlos war. – Was sie ihm geben konnte – hatte sie gegeben. Er durfte nichts mehr erwarten. – Dieselbe Liebe, dieselbe Zärtlichkeit Tag für Tag, in derselben Weise. Mußte das nicht seine Künstlerseele zwängen und ängsten?
Wie war ihr dieser Gedanke gekommen? –
Erst wollte sie nicht an ihn glauben. – Aber doch – doch je öfter sie ihn dachte, desto natürlicher – selbstverständlicher – ja notwendiger schien er ihr.
Und sie gewöhnte sich daran. –
Das quälte sie nicht mehr.
Aber eine andere Qual wich nicht von ihr.
Hermann war so gut.
Sie wußte, er würde nie im Stande sein, ihr zu sagen: Geh! – Du hältst mich in Fesseln! Ich empfinde dich als Zwang! Geh!
Und doch fühlte sie im tiefsten Innern, zagend wie ein bei Bewußtsein Sterbender den Griff des Todes fühlt, – daß er so zugrunde gehen müsse. Daß diese Bande seine Schaffenskraft hemmen müßten, seine Geistesfrische zerstören. Daß heut oder morgen an Stelle der rege wechselnden Gedanken jene trübe, verbitterte, stumpfe Sinnesträgheit treten müsse, wie sie jungen Leuten eigen wird, die der frömmelnde Wunsch der Mutter in einem Seminar begrub.
Niemehr verlor sie dieses Gefühl.
Es begleitete sie bei den wenigen Pflichten des Tages – und saß an ihrem Bett in endlosen, wachen Nächten.
Und in einer solchen reifte ihr ein Entschluß.
Zuerst machte er sie zittern.

Sie schloß die Augen.
Der Entschluß aber reifte und reifte.
Es war kein heilsamer, gesunder Vorsatz.
Er wuchs wie ein gräßliches Geschwür, das der Arzt mit Salben und Verbänden zurückgedrängt, und das nun umso furchtbarer nach innen ausbricht. –
Und an einem sonnigen Morgen nahm sie sich ein Herz.
»Hermann?!«
Hermann wandte sich ihr zögernd zu.
»Ich möchte dir etwas anvertrauen . . . .«
»Anvertrauen? – Bitte . . .«
»Komm näher« – und sie legte den Arm leise um seinen Hals und flüsterte hastig mit heißem Erröten:
»Hermann! Ich fühle – ich weiß – daß ich dir bald ein Leben schenken – opfern . . . werde . . .«
Der Mann hob erstaunt den Kopf.
»Ein Leben – ein Kind!« schrie er in jauchzendem Jubel.
Agnes erschauerte.
Hermann aber zog sie leise und innig an sich.
»So soll mein Wunsch sich erfüllen – unser Wunsch . . . .« liebkoste er.
Sein armes Weib war außer Stande, ein Wort zu reden.
Als er eine Stunde später im Atelier saß, kam ihm unvermittelt bei: Wie sonderbar sie dies gesagt hatte – ein Leben schenken – opfern – was hatte sie ›opfern‹ hinzugefügt? – Aber er vergaß wieder darauf.

*

Fast schien es, als sollten jene Wochen wiederkehren; jene ersten sonnigen, klaren Wochen.
Hermann war ganz Fürsorge und Liebe.
Sein Kuß ward wärmer – sein Wort inniger.
Das war Balsam für den schrecklichen Entschluß. So glaubte Agnes anfangs. Aber nein. Das alles galt ja doch dem dritten Wesen, das er erhoffte – dem Kinde – und wenn . . . . .
Sein, Hermanns Empfinden war ja doch tot; – dies war nur seiner Liebe-Allerseelentag.
Er war so gut.
Ja, und eben deshalb mußte sie ihn befreien. Von sich selbst befreien.

*

Ein kalter Herbstmorgen. Hermann saß fröstelnd im Atelier. – Er preßte eine Zigarette zwischen den Zähnen, während er malte. Ihr scharfer Rauch stieg ihm in die Augen und machte ihn unaufhörlich blinseln.

Draußen war es noch nicht allzuhell. Ein perlgrauer Sprühregen taumelte durch die Luft.

Die Arbeit wollte nicht von der Hand.

Plötzlich horchte Hermann auf.

Lärm im Vorraum.

Harte, gemeine Stimmen.

Im nächsten Augenblick stürzte der alte Diener herein.

»Jesus Maria!« schrie er und rang die Hände.

Hermann fuhr auf.

Da trugen vier Männer eben schon durch die weite Flügeltür eine schwarze Truhe.

»Von der Rettungsgesellschaft«, brummte einer im Geschäftston.

Ein anderer schlug das schwarze Lederlaken zurück.

Da lag Agnes – fahl und starr.

Die wasserschweren Haare hatten den Kopf seitwärts gezogen.

Die triefende Kleidung umschloß eng ihre Glieder.

Wie Verklärung sonnte es auf ihrer Stirne.

Hermann stand ohne sich zu rühren.

Jäh zuckte es durch seine Züge: ein Leben ... schenken ... opfern ...

Er brach bewußtlos zusammen.

REQUIEM

Sie haben irgendwann gelebt, und sind beide längst todt. Ich weiß, dass auf ihren vergessenen Gräbern der Frühling wildert, oder dass eine ahnungslose Weide sich über die steilen Tafelsteine neigt und im Maiwind mit zagen Fingern über die Namen tastet, wie um sie zu lesen. Die Schrift aber ist verweht und verwittert, und die gute Weide hütet die Namenlosen wie eine fremde Frau zwei verirrte Kinder. – Sie liegen nebeneinander, weil sie im Leben lange beisammen waren, weil schon im Licht jedem angst war vor dem Ganzalleinsein, und weil es gut ist, im feuchten kalten Unten liebe Nachbaren zu haben. Gerade jetzt wenn die Osterglocken wehn, und die dunkeln Wurzeln wie sonnengeweckte Kinder ihre braunen Arme dehnen, dehnen, greift vielleicht eine in die beide⟨n⟩ leisen Herzen hinein und thut zusammen, was auf Erden sich nie finden konnte; und im hellen Tag wird eine Blume draus. –

Wie oft haben sie zusammen Blumen gebrochen. Sie ging immer langsam mit lächelndem Schauen den weißen Wiesenpfad; denn sie war viel älter, und die Herren sagten ihr schon fünf Jahre Fräulein. Darum konnte sie nicht mitten durch die Wiesenwellen laufen dem blassen zehnjährigen Knaben nach. Aber sie rief ihm irgendwann ein Wort, lachte ihm ein Lachen zu, oder kam, wenn er über vielen Vergissmeinnicht mit hastenden Händen säumte, licht und leise durchs Grün just auf ihn zu wie ein echtes, goldenes Märchen. Da kniete der Knab', und die kleinen blauen Blumen flatterten wie erfüllte Wünsche aus seinen erschreckten Händen. Die Weiße aber lachte ihn laut aus. Und dann gabs großes Zürnen und Grollen bei dem blassen Knaben über Schrecken und Spott und über die armen Vergissmeinnicht. Nicht lange freilich. Auf einmal schlich der Kleine neben ihr, streichelte zag ihre Hand und schenkte ihr soviel Blumen, dass der Sommerhut der Gespielin randvoll war. Das waren die schönsten Stunden für ihn. Blumensuchen war so gut. Man muss nichts erzählen dabei und versteht sich doch mit jedem Blick und muss nicht nebeneinander gehen und findet sich doch in jeder Weile wieder, und lachen kann man aus voller, heller Kehle, dass es wie eine Rakete springt in den lichtzitternden Himmel.

Und das hatte der blasse Knabe so selten dürfen. Kinder, die in ernsten, grauen Häusern aufwachsen, lernen schwer lachen. Sie hocken in den Ecken der kalten, hohen Stuben, drin die Stühle so ernst und alle Menschen so feierlich sind, als ob sie immer in breiten goldenen Rahmen stünden. Dunklen Augs staunen sie den Großen nach, die mit unverständlichem Eifer an ihnen vorübergehen und niemals ein Lächeln in die tiefen Zimmer mitbringen, selbst wenns draußen Frühling ist. Und kommt dann selten wie ein Sonnenstrahl, ein jubelmuthiger Mensch aus der hellen Welt in die frierende Stille so wogt Alles in den einsamen Kindern diesem Neuen zu und wiegt und schmiegt sich an ihren seligen Sinn wie das Morgenmeer an die tagende Küste. So hatte der Knab' die blonde Gespielin gefunden. Sie trug den ganzen Jubel des verklärten Weibes in sich. Sie war in der Zeit, wo jede wird wie eine wunderthätige Madonna, reich und gebend, und geweiht durch die Schauer der ersten Leidenschaft. Das sind die Tage des Traums: Die Augen grüßen über alle Grenzen hin das leuchtende Wunderland, die Lippen athmen Liebe aus allen Lüften, und in den weißen segnenden Händen ist ein Rosengefühl. Und die Stimme klingt immer wie tief aus dem Mai, und das Lachen singt silbern wie das Kieselkichern des Bachs, dort, wo es am Einsamsten ist. – Da kommt es mit tausendfältigem Ahnen über das erwachende Weib. Und wenn die Geliebte durch Dorfgassen geht, so weicht sie nicht mehr den schmutzigen kleinen Wurms aus, die an der Gosse spielen, wie früher; von ferne schon betrachtet sie das ungelenke Mühen der Händchen, lauscht dem Lallen und legt wohl, wenns Keiner sieht, eine Blume oder einen Apfel in den Schooß des scheuen Kindes und küsst ihm das Staunen aus den dummen Glurraugen und flüchtet mit heißen Wangen und wildem Herzen in einsame Wege . . .
Der blasse Knabe liebte sie, weil sie gut war und weil sie so schön war, träumte er von ihr, und er war selig dabei. – Dann kam der seltsame Abend. Westliche Wolken schatteten auf dem Goldgrund des späten Himmels wie riesige nachgedunkelte Prop⟨h⟩etenbilder. Die schmalen Pfade in dem dunklen Wiesenland hatten etwas Ewiges gewonnen und irre Schatten schwankten in die uferlose Dämmerung. Fern gingen Lichter auf, und Lichter verlöschten wie die Kerzen in einer Totenkammer. Die Umrisse einer fernen Stadt starrten wie Grabsteine in die nahe Nacht, und die Cypressen die in seltener Reihe den Weg begrenzten, schienen müde Mönche in hohen Kapuzen, die auf schwarzen Schultern den Nebelsarg mit dem toten Tag trugen. – Das sind die

Stunden, wo alle Menschen scheu und schüchtern sprechen, wo die Kinder in den grauen Stuben kauern, und der Hund im Hof in feiger Furcht an der rostigen Kette zerrt. Und über diese Stunden bricht unvermittelt eine graue, eintönige Nacht herein.

Das Mädchen und der Knabe waren auf dem Heimweg. Sie gingen nebeneinander, als kämen sie vom Kirchhof. Dem Kind war bang, und gern hätte es sich an die liebe Gefährtin geschmiegt. Die aber hatte etwas hastiges und Fremdes. Und einmal war sie stehen geblieben und hatte die Blumen, die sie trug, geküsst und dabei waren ihre Augen so schlürfend geschlossen wie bei einem süßen, ersehnten Trunke. Beim Scheiden sagte ihr der scheue Knabe: Du, gib die Blumen keinem Fremden. –

Da staunte sie ihn an, und dann neigte sie sich jäh und presste die Lippen, lohheiß auf seine Wange. Es war ein schrecklicher Schmerz dieser Kuss. Athemlos starrte ihr das Kind nach. Und lange nachdem sie verschwunden war, schlich er hart an den Häusern nachhause. Im Entschlummern noch tippte der blasse Knab mit den Fingern nach der kusswunden Wange. Die Finger waren wie Eis. Nach kurzem schwülen Schlaf fuhr er aus glühenden Kissen. Da war ein Wunsch in ihm: Das brennende Gesicht ins weiche Thaugras betten. Und er fröstelte sich wach und kroch zu dem Fenster, das leise aufklirrte in die Nacht. Dort stand der blasse Knab und sehnte hinaus auf die weiten einsamen Wiesen.

* *
*

Aus der Kindheit ins Leben leitet eine leise Brücke. Manche gehn hinüber kaum, dass sies merken und tragen drüben ihr Kinderkleid fort, lächerlich geflickt und gelängert. Wenige verschenken im Vorübergehen ihr Alles an die Bettler, die an der Brücke kauern, und kommen neu und arm in das Fremde hinein. Das sind die vor denen dann die letzten Thüren aufgehen in das Allerheiligste des ewigen Lebens.

* *
*

Lange war ein Warten in dem blassen Knaben. Er wusste nicht worauf. Erst als sie kam, fühlte er, dass er auf sie gewartet hatte, damit er ihr das wirre Haar aus der Stirn streichen und die wunden Augen küssen könne. Sie legte das schwere Haupt in seinen Schooß, und ihre Lippe

klang wie eine zerrissene Leier. Und er hatte keine Frage. Er fühlte sich älter werden in ihrem Weh. Er verstand nichts – aber er wusste, dass das fremde Leben, das an den Kinderstuben vorüberfließt, seine Thüre wie ein wilder tobender Strom durchbrochen hatte. –
Er hat viel erlebt und wenn er es erzählt hat, muss er ein Dichter gewesen sein. Freilich die Gespielin hat ihm gefehlt auf seinem Wandern und in seinen Feiertagen. Sie hat nicht den Muth gehabt voranzugehen; sie war auch zu traurig fürs Leben. Sie ist früh gestorben. Die Thüre hat sie ihm doch aufgemacht. Und er hat ihrs gedankt. Sonst hätten sie ihn später nicht in die Arme derselben Weidenwurzel neben ihren Frieden gelegt. Es war sein Wunsch. –

ANHANG

ZUM »NOVELLENBUCH« DES JUNGEN RILKE

Der Bestand

Von den in diesem Band zusammengestellten 23 Erzählungen werden dreizehn hier zum ersten Mal veröffentlicht. Das sind:
> *Das Eine*
> *Der Dreiklang*
> *Schwester Helene*
> *Silberne Schlangen*
> *To*
> *Der Tod*
> *Der Ball*
> *Der Betteltoni*
> *Eine Heilige*
> *Die rothe Liese*
> *Zwei Schwärmer*
> *Bettys Sonntagstraum*
> *Requiem*

Zwei sind erst vor kurzem erschienen (1996 und 2000):
> *Was toben die Heiden?* (1996)
> *Der Rath Horn* (2000)

Eine von diesen 23 Erzählungen erschien in dem Band *Am Leben hin.*
> *Das Christkind* (1898)

Die übrigen sieben erschienen bald nach ihrer Entstehung oder spätestens in den SW:
> *Die Näherin* (SW 4, S. 414-426)
> *Die goldene Kiste* (1895 und SW 4, S. 426-432)
> *Pierre Dumont* (1932 und SW 4, S. 407-414)
> *Eine Tote* (1896 und SW 4, S. 433-444)
> *Und doch in den Tod* (1896 und SW 4, S. 459-464)
> *Das Ereignis* (1896 und SW 4, S. 465-473)
> *Ihr Opfer* (1896 und SW 4, S. 474-479)

Trotz ihrer sehr unterschiedlichen Publikationsgeschichte gehören die Erzählungen nicht nur von der Zeit ihrer Entstehung her zusammen, sondern auch, weil Rilke selbst sie (bis auf das zuletzt entstandene *Requiem*) offensichtlich von Anfang an in einem Band zusammenfassen wollte. Dies entspricht einer Übung, die er bei seiner Lyrik wie auch bei seiner erzählerischen Prosa beibehalten wird. Zu erwähnen sind die Sammlungen: *Am Leben hin, Zwei Prager Geschich-*

ten, *Die Letzten, Geschichten vom lieben Gott*. Angekündigt waren außerdem noch andere Sammlungen, die allerdings nicht erschienen, irgendwann überholt waren, schließlich aufgegeben wurden. Im März 1896 erschien das zweite Heft der *Wegwarten*. Auf dem Umschlag wird ein Band »als in Vorbereitung« angekündigt mit dem Titel: »Totentänze. Zwielicht-Skizzen«. Gedruckt wurden von dem ganzen Vorhaben zunächst nur die beiden »Totentänze« *Und doch in den Tod* und *Das Ereignis*. Wenig später, am 28. 6. 1896, erscheint in der »Sommer-Beilage« der Prager »Politik« Rilkes Erzählung *Ihr Opfer*. In der Vorbemerkung ist zu lesen: »Die folgende stimmungsvolle Skizze ist dem in Bälde erscheinenden Novellenbuche ›Was toben die Heiden‹ entnommen.« (Hünich, S. 20) Der Band kam nicht zustande. Die Novelle *Ihr Opfer* sollte dann in den Band *Am Leben hin* aufgenommen werden, was schließlich auch nicht geschah. Auch der Band »Was toben die Heiden?« blieb ungedruckt. Immerhin läßt sich noch in etwa erkennen, was für diesen Band vorgesehen war und was ihm unter Vorbehalt zugerechnet werden kann. Erhalten ist ein großer Teil des Manuskriptes zu dem im Juni angekündigten, dann aber nicht zustande gekommenen Band »Was toben die Heiden und andere Novellen«. Dazu gehört ein Umschlagbogen mit dem Titel und der Widmung »Meinem Δαιμόνιον« und eine Reihe von einzelnen Novellen, die mit Blaustift numeriert sind. Die Handschriften sind zum großen Teil eigenhändig geschrieben, sind erste Niederschriften oder Reinschriften, gelegentlich auch Abschriften von fremder Hand. Die Blaustiftziffern reichen bis 22. Man kann also davon ausgehen, daß der Band »Was toben die Heiden?« mindestens 22 Stücke zählen sollte. So viele Erzählungen enthält allerdings der Umschlagbogen nicht, Nummern fehlen, es sind Lücken entstanden, weil Texte verschoben, verworfen, vielleicht sogar vernichtet wurden oder auch nur verschollen sind. Die noch in dem Umschlag mit der Aufschrift »Was toben die Heiden« befindlichen Texte sind der Numerierung folgend:

    3. *Das Eine* (Ms. 252, hier zum ersten Mal gedruckt)
    6. *Der Rath Horn* (Ms. 258 und Ms. 259, gedruckt 2000)
    8. *Der Dreiklang* (Ms. 249, hier zum ersten Mal gedruckt)
    9. *Was toben die Heiden?* (Ms. 267, 1996 gedruckt in KA 3)
  10. *Die Näherin* (Ms. 261, gedruckt in SW 4)
  11. *Schwester Helene* (Ms. 256 und 257, hier zum ersten Mal gedruckt)
  12. *Silberne Schlangen* (Ms. 262, hier zum ersten Mals gedruckt)
  14. *»Tö«* (Ms. 265, hier zum ersten Mal gedruckt)
  15. *Der Tod* (Ms. 266, hier zum ersten Mal gedruckt)
  18. *Die goldene Kiste* (Z 174: Sonderdruck von 1895)
  22. *Pierre Dumont* (Ms. 250 und Ms. 252, gedruckt 1932)

Wie man sieht, ist *Die goldene Kiste* die einzige dieser elf Erzählungen, die

Rilke selbst veröffentlicht hat. Schon Ernst Zinn überlegte, ob es mehr als nur ein Zufall sein könne, daß die anderen im Nachlaß erhaltenen sieben Erzählungen zusammen mit den vier im ersten Halbjahr 1896 (Januar, März, April und Juni) gedruckten Stücken nicht genau jene sein könnten, die in die Lükken hineingehörten, ursprünglich oder zu irgendeinem Zeitpunkt während der Entstehungsphase, als sich die Pläne änderten und einander ablösten. Vom Inhalt her und vom Stil wäre es keine große Schwierigkeit, eine Erzählung wie *Zwei Schwärmer* vor oder nach *Das Eine* einzuordnen, einen Platz zu finden für *Das Christkind* zwischen den anderen Kindererzählungen (Nr. 18 und 22) oder jene Stelle auszumachen, an der die für den Band nach Rilkes eigenen Worten zwar vorgesehene, aber durch keine Zahl bezeichnete Erzählung *Ihr Opfer* hätte zu stehen kommen können.

Die Rechtfertigung

»Was ich geschrieben habe,
habe ich geschrieben.«
Joh. 19,22

Wären es wie im Evangelium des Johannes nur unzufriedene Oberpriester und feinsinnig argumentierende Gelehrte, mit deren Widerstand oder Einspruch man zu rechnen hätte, man könnte es vielleicht dem römischen Statthalter Pilatus nachtun und sich hochmütig und tautologisch auf die Macht des Faktischen berufen. Aber im Falle der frühen Prosa Rilkes liegen die Verhältnisse sehr viel anders als bei der Inschrift am Kreuze Jesu, weil die Vorbehalte gegenüber dem, was geschrieben dasteht, vom Schreibenden selbst formuliert worden sind und man sich also rechtfertigen muß gegenüber den Gelehrten, den Verehrern und dem Dichter, wenn man auf dem bestehen will, was einmal geschrieben wurde.

Rilke hat sich, wie man weiß, bei Gelegenheit und wiederholt kritisch zu seinen frühen Dichtungen geäußert und sich etwa gegen den Neudruck seiner frühesten Publikationen ausgesprochen, aber ihre Vernichtung hat er doch an keiner Stelle gefordert oder gar betrieben. Vor allem in den Briefen an Fritz Adolf Hünich (1885-1964), den Mitarbeiter des Insel Verlages und ersten Rilkebibliographen, hat er seine Bedenken formuliert, als der den Plan einer erneuten Veröffentlichung von Teilen des Frühwerkes mit dem Dichter diskutierte:

> »Es wird mir doch recht zum Schmerz ..., den ›jungen Rilke‹ so ›aufgedeckt‹ zu sehen. Keimblättchen haben bekanntlich nicht die Form des künftigen Blattwerks und sehen bei allem Kraut ungefähr gleich aus. Wär doch das Alles ein für alle Mal verloren geblieben; es kann nur dazu bei-

tragen, das Eigentliche zu trüben, und bezeichnet einen falschen Ausgangspunkt der in den reinen Werkraum aufsteigenden Kurve. – Von dieser Auffassung werd ich *nie* zu heilen sein. Sie macht sich, im Gegenteil, immer entschiedener.«[1]

Als Rilke dies im Dezember 1921 schrieb, um die Zeit der durch die Kriegswirren verzögerten Publikation von *Aus R. M. Rilkes Frühzeit. Vers. Prosa. Drama*, litt er sehr unter der noch immer ausstehenden Vollendung der *Duineser Elegien*. Darauf spielt wohl schon der auf denselben Plan Hünichs sich beziehende frühere Brief aus München vom 19. 2. 1919 an:

»Wie sollte es mich nicht eigentümlich rühren, Sie, kaum an Ihrem Tische, wieder mit mir beschäftigt zu sehen. Auf der anderen Seite: wie sehr wünsch ich nicht, lieber Herr Dr. Hünich, Sie durch recht viel Hervorbringung von meinen Anfängen abzulenken; ja: wie viel lieber sähe ich in Ihnen den Sammler und Ordner meines Künftigen.«[2]

In dem »Künftigen« wird man geradewegs die *Elegien* vermuten dürfen, die damals, im Februar 1919 und sogar im Dezember 1921, noch immer ausstanden und deren Abschluß erst das kommende Frühjahr 1922 bringen wird. Von daher ist der Einwand gegen die Veröffentlichung von Teilen des Frühwerkes auch als Ausdruck der Befürchtung zu begreifen, der Rückgriff auf lange Zurückliegendes und Überholtes offenbare nur die gegenwärtige Leere, die lahmende und gelähmte Produktivität der letzten Jahre. Sollte die Neuauflage des Alten etwa die Lücke schließen, die die stockende Produktion offen ließ, oder diese gar verstellen? Diese Art von Bedenken hat Rilke auch in anderen Fällen geäußert. Seine Vorbehalte gegen die bloße Wiederholung, gegen die Routine ist ein großartiges Indiz seines künstlerischen Gewissens, seiner poetischen Innovationskraft und intensiven, das Bequeme meidenden Kreativität. Die Aufgabe des *Stunden-Buch*-Stils ist dafür ein ebenso deutliches Beispiel wie Rilkes entschiedene Abneigung, Sprachgebärden der *Neuen Gedichte* zu wiederholen. Seine Einwände gegen große Teile des *Marien-Lebens* haben ihre Wurzel in der Fähigkeit zum Wandel oder, wenn man will, in dem Unwillen der bloßen Wiederholung gegenüber. Wenige Tage nach dem Brief an Hünich vom 24. 12. 1921 und noch vor dem Beginn des ›namenlosen Sturms, des Orkans im Geist‹ schrieb er an Gräfin Sizzo (6. 1. 1922):

»⟨ich⟩ kann Ihrem Eifer zu den Gedichten des Marien-Lebens nicht so viel Recht geben. Ich rechne dieses kleine Buch nur sehr nebenbei zu meiner Produktion ⟨...⟩. Vieles in den Details und der Anordnung dieser Bilderfolge stammt nicht aus meiner Erfindung ⟨...⟩. Sie sehen, daß ich da oft zweite und dritte Hand gewesen bin, übernehmend statt erfin-

---

[1] An Dr. Fritz Adolf Hünich am 24. Dezember 1921, zitiert nach SW 4, S. 1061 f. Die Korrespondenz zwischen Rilke und Dr. Hünich ist bis auf wenige Stücke unveröffentlicht.
[2] Briefe, Bd. I, S. 707.

dend –, aber auch im Ton griff ich auf einen zwar meinigen, aber schon älteren, vorhandenen, gewissermaßen zurück und bediente mich seiner wie der Weise eines Vorgängers.«[1]

Man muß nicht die Unterschiede übersehen zwischen den ersten Anfängen und den später überwundenen Phasen seines Schaffens, um die strukturelle Nähe der Argumentation in den Briefen an Fritz Adolf Hünich von Ende Dezember 1921 und an Gräfin Sizzo von Anfang Januar 1922 zu erkennen. Es gibt folglich auch Urteile des Dichters über seine ganz frühen Produktionen, die deren Bedeutung wenn nicht aufwerten, so doch anerkennen und einordnen, und es darf nicht wundern, daß das z. B. in der Zeit der erfolgreichen Arbeit an den *Neuen Gedichten* und den *Aufzeichnungen des Malte Laurids Brigge* geschieht. Die Meisterschaft der Pariser Jahre stimmt den gereiften Dichter milder gegenüber seinen Anfängen, als er es selbst später während einer Schaffenskrise sein konnte. Auf eine Anregung Stefan Zweigs, »eine Auswahl älterer und späterer Gedichte zusammenzufassen« antwortete Rilke am 14. 2. 1907 aus Capri:

> »Wenn ich einmal daran denken soll, eine Auswahl älterer und späterer Gedichte zusammenzufassen (welche Arbeit Sie in so liebenswürdiger und herzlicher Weise für erwünscht halten –) so wüßte ich kaum einen anderen Maßstab anzuwenden als diesen. Ja, ich fürchte, ich allein würde in diesem Falle kaum damit umzugehen verstehen; denn ich kann von meinen frühen Versuchen nicht sagen, was von Ihrem Buche gesagt worden ist. Ich weiß nicht, welchen Platz jene jugendlichen Arbeiten beanspruchen dürfen und ob ihnen überhaupt einer zukommt. Sie haben mir immer mehr ihre Unzulänglichkeit zugekehrt; ich verleugne sie nicht, aber es scheint mir, als ob ich so sehr Eines und immer wieder dieses Eine zu sagen hätte, daß sie später einfach ersetzt worden sind durch den besseren und erwachseneren Ausdruck und so überhaupt nur etwas wie überlebende Provisorien darstellen, dem Definitiven gegenüber. Und wie weit ist das Spätere auch wirklich schon endgültig, definitiv?«[2]

Auf diese Briefstelle berief sich schon Eudo C. Mason, um seine These von der »in weltanschaulicher Hinsicht« erstaunlichen Stabilität des Rilkeschen Werkes zu bekräftigen,[3] und der Leser der in diesem Band zusammengestellten Prosa wird dem Dichter wie dem großen Rilkeforscher immer wieder recht geben können und müssen. Er wird das ›eine und immer wieder dieses eine‹ Anliegen entdecken hinter allen Veränderungen des ›Ausdrucks‹.

---

1 *Briefe an Gräfin Sizzo*, hg. von Ingeborg Schnack, Frankfurt/Main 1977, S. 16 f.
2 Briefe, Bd. I, S. 236 f.
3 Mason, *Rainer Maria Rilke* (1964), S. 9. Auf Masons Dissertation von 1939 (*Lebenshaltung und Symbolik*) offensichtlich verweist Anthony Stephens in seinem Aufsatz *Ästhetik und Existenzentwurf beim frühen Rilke*, in: *Rilke heute*, zweiter Band, Frankfurt/Main 1976, S. 95 f.

Darüber hinaus ist die Lage des heutigen Lesers eine andere als die des um seine Kreativität besorgten Dichters, und den Unterschied hat Rilke durchaus gesehen und anerkannt. Als Wolf Przygode Anfang 1918 Rilke um eine vollständige Bibliographie seiner bis dahin publizierten Werke bat, lehnte dieser zwar ab, aber nicht ohne seinen Widerstand einzuschränken. Ausdrücklich erklärte er sein Verständnis für das Interesse und ließ es gelten für spätere Zeiten:
>»Erst bei völlig abgeschlossenem Werk, beim Tode des Autors, mag man sich die Vollzähligkeit seiner Bücher gelegentlich zur Vorstellung bringen; sie wird dann mehr den Historiker angehen, während sie vorher von dem Verdacht nicht frei ist, auf den Neugierigen, auf den Käufer wirken zu wollen.«[1]

Als Rilke 1921 schließlich mit seiner Zustimmung zu Hünichs Ausgabe *Aus der Frühzeit Rainer Maria Rilkes* seine Bedenken zurückgestellt und eine Ausnahme gemacht hatte, wiederholte er diesen Gedanken versöhnlich scherzend[2] in einem Widmungsgedicht für den Betreuer beim Insel Verlag:

> Ich komme mir leicht verstorben vor,
> da ich dieses nicht hindern konnte –,
> wie ein Mond, der sein Recht verlor
> über das wiederbesonnte
>
> Land. *Sie* führten das neue Licht
> weckender Exegesen.
> Nun sagt ich am Liebsten: Ich war es nicht.
> Aber wer ists gewesen?
>
> Lieber Herr Hünich: besser zirpt
> von Anfang die kleinste Grille:
> aber freilich: *ihr* verdirbt
> niemand Natur und Stille.[3]

Man liest und vergleicht die nachdenklich-kritischen Äußerungen Rilkes in den Briefen, das Widmungsgedicht und schließlich Fritz Adolf Hünichs Nachwort zu seiner Edition nicht ohne eine gewisse Heiterkeit, sobald man die von den unterschiedlichen Akzentuierungen und der Differenz zwischen

---

1 Brief vom 26. Januar 1918, zitiert in SW 4, S. 1060 und *Chronik*, S. 589.
2 Hünich: »Der Dichter ⟨...⟩ antwortete darauf mit einem Gedicht, hinter dessen guter Laune er tiefernst die Grundanschauung seiner dichterischen Aufgabe sichtbar werden läßt.«
3 Widmungsgedicht für F. A. Hünich (SW 2, S. 250 und Hünich, S. 85 f.), eingeschrieben in ein Exemplar des Bandes. Vgl. auch das Gedicht für die Tochter Ruth, SW 2, S. 249.

Theorie und Praxis absehende Großzügigkeit der Beteiligten bemerkt. Die im Brief an Przygode noch vorausgesetzte Bedingung des tatsächlichen Todes ist im Gedicht humorvoll zurückgenommen, und Hünich vertauscht in seinem Nachwort auch noch die Frontstellungen und verläßt bzw. verschiebt mit dem ›vollen Strome der Liebe und Dankbarkeit‹ die Basis der Argumentation und stiftet damit eine Verwirrung, die seinem eigenen Vorhaben entgegenkommt, die Rilkeschen Bedenken aber ganz verflüchtigt. Hünich:

»Man hat bisher den lebenden Dichtern die Sorge um das Werk ihres literarischen Daseins selbst überlassen und erst nach ihrem Tode begonnen, seine Zeugnisse auch im Kleinen zu verzeichnen und zu sammeln. Dieser Versuch bricht mit der durch nichts mehr gerechtfertigten Gewohnheit der gelehrten Welt und will ein Beispiel sein, daß es nur des vollen Stromes der Liebe und Dankbarkeit für einen Dichter und sein Werk bedarf, um den wissenschaftlichen Trieb auch dem Lebendigen zuzuwenden.«[1]

Hünichs Überlegungen verkehren die Relationen geradezu in ihr Gegenteil, so als ob es die Gelehrten seien, die sich zurückhielten, und die Einwände nicht vom Dichter stammten; als würde mit seinem eigenen »Versuch« etwas getan, was man dem Dichter schuldig sei. Die Argumentation Rilkes, seine Ablehnung und seine Bedenken, wie er sie formuliert hat in den Briefen an Stefan Zweig, Wolf Przygode, wenig später an Robert Heinz Heygrodt,[2] zuletzt an Hermann Pongs[3] und natürlich wiederholt an Hünich selbst, kommen gar nicht mehr vor, werden allenfalls der »gelehrten Welt« zugeschoben und einer »durch nichts mehr gerechtfertigten Gewohnheit«. Rilke wird diese Logik des Herzens durchschaut haben, und es sieht ganz so aus, als habe er schließlich Hünichs Edition einer Auswahl aus den Frühwerken als eine Vorwegnahme des Unvermeidbaren und am Ende sogar Sinnvollen akzeptiert. Anders ist die Heiterkeit seiner Kommentare und schließlich auch seine Nachgiebigkeit nicht zu verstehen. Noch während er mit Hünich korrespondierte und noch vor dem Erscheinen des Bandes *Aus der Frühzeit* schrieb er an Nanny Wunderly-Volkart:

»›Der junge Rilke‹: haha, mein Eckermännchen strampelt immer noch an derselben Stelle und merkt gar nicht, wie darüber das letzte Hälmchen, das etwa noch auf dem Boden meiner ›Frühzeit‹ ein blasses Dasein

---

1 Fritz Adolf Hünich in seinem Nachwort zu *Aus der Frühzeit Rainer Maria Rilkes*. Zitat nach Hünich, S. 85. Der Verstoß gegen die syntaktischen Regeln, der unkorrekte Wechsel vom Plural in den Singular (»ihrem Tode« – »seine Zeugnisse«) ist eine verständliche Fehlleistung. Hünich denkt nur an Rilke.
2 Brief vom 12. Januar 1921: »muß ich jeden Hinweis auf jene Schein-Produktion meiner Jugend als beirrend tadeln und ablehnen« (Briefe, Bd. II, S. 211).
3 Brief vom 17. August 1924: »alle jene Versuche und Improvisationen, von denen ich, ein weniges später, nur wünschen konnte, ich hätte die Überlegung gehabt, sie in meinem Schultisch-Laden zurückzuhalten« (Briefe, Bd. II, S. 339).

fristete, eingestampft wird. Begreift man so ein entêtement und diese lächerliche historische Frisierung der ganzen Angelegenheit, die, wie gewisse Friseurstöcke, kein Gesicht hat, aber eine Frisur, mit einer schönen graden ›Abteilung‹ in der Mitte, die den notdürftigen Holzkopf meiner reizenden ›Frühe‹ erkennen läßt. Wenn doch jemand dieses Eckermännlein ⟨...⟩ fortriefe, vor ein anderes sujet seiner Akribie, du lieber Himmel, was gibt es für Beschäftigungen! Der eine putzt meine Jugend auf, der andere ernennt mich zum ›Väterchen‹ und Ersatz-Vater und, – mir zerstreuts doch ein wenig das Herz, wenn ichs ihnen aufklärend versagen soll.«[1]

Der letzte Satz des Abschnitts ist mit seinen schwierig aufzulösenden Implikationen und Bildern nicht einfach umzusetzen, aber er hört sich an wie eine leicht verschämte Entschuldigung für die Vorbehalte gegenüber seiner dichterischen Vergangenheit und biographischen Gegenwart, so als fiele ihm die Distanzierung von der eigenen ›Frühe‹ ebenso schwer wie die Vermittlung des Verzichts auf familiäre Nähe.[2] Die Nachgiebigkeit gegenüber dem Unternehmen des Dr. Hünich, seine Einlassung im Brief an Wolf Przygode und sein Urteil über den ideellen Zusammenhang seines Werkes einschließlich »jener jugendlichen Arbeiten« im Brief an Stefan Zweig lassen vermuten, Rilke würde heute dem Unternehmen zustimmen, »die Vollzähligkeit seiner Bücher zur Vorstellung ⟨zu⟩ bringen«.

Als 1927, also kurz nach Rilkes Tod, die von ihm noch mitbetreute Ausgabe der *Gesammelten Werke* in sechs Bänden erschien, war das Frühwerk, vor allem die frühe Prosa, ganz ausgespart. In Band IV waren außer dem *Cornet* nur die *Geschichten vom lieben Gott* aufgenommen worden. Der im Jahre darauf erschienene Band *Erzählungen und Skizzen aus der Frühzeit*[3] erhielt in der *Zeitschrift für Bücherkunde* ein zustimmendes Echo:

»Als an dieser Stelle die sechsbändige Ausgabe der Werke Rilkes angezeigt wurde, vermißte der Referent die Schriften der Frühzeit. Mit gutem Grunde wurde damals dagegen eingewandt, daß dem Bilde des großen Dichters dadurch kein wesentlicher Zug mangelte. Aber freilich haben jene frühen, zum Teil an ganz versteckten Stellen erschienenen Prosawerke, gleich den zeitlich benachbarten Dramen und Gedichten, ihren Eigenwert, nicht nur weil sie Einblicke in das Werden des Menschen und des Künstlers eröffnen, auch um ihrer selbständigen literarischen Bedeutung willen. Man muß es deshalb dem Insel-Verlag danken,

---

1 An Nanny Wunderly-Volkart am 7. 12. 1921, Briefe, Bd. II, S. 190.
2 Rilke an Carl Sieber, seinen zukünftigen Schwiegersohn, am 10. November 1921: »Wenn Du mich nennst, wie Ruth mich von Klein auf genannt hat, – Väterchen – so verpflichtet mich das, wie es mich ihr gegenüber in einem tiefsten Sinne ergreifend verpflichtet hat« (Briefe, Bd. II, S. 170).
3 Leipzig 1928.

daß er so schnell seiner Ausgabe diesen Sammelband nachfolgen ließ. Und man geht wohl nicht fehl, wenn man das Verdienst in erster Linie dem besten Rilke-Kenner, Herrn Dr. Hünich, zuweist.«[1] Mit der Ausgabe von 1928 war, wie zuvor mit dem Band von 1921, ein kleiner Schritt getan. Einiges kam später in den *Sämtlichen Werken* und dann in der *Kommentierten Ausgabe* hinzu, aber immer noch gab es eine Scheu, das Erhaltene vollständig und in seinem Zusammenhang der Öffentlichkeit vorzustellen. Man muß sich daher nicht wundern, daß bis in die jüngste Zeit hinein bei der Beurteilung des »jungen Rilke« große Teile des Frühwerkes und insbesondere der erzählenden Prosa unberücksichtigt blieben. Wie schon die erste Doktorarbeit über Rilke, so befaßt sich auch eine der letzten, die eine »Einführung in Rainer Maria Rilkes frühe Dichtungen« sein will, beinahe ausschließlich mit der Lyrik Rilkes. Rilkes »frühe Dichtungen«, das sind für Sascha Löwenstein die Gedichtbücher *Leben und Lieder* von 1894, *Larenopfer* von 1895, *Mir zur Feier* von 1899, *Das Stunden-Buch* (1899-1903). Die frühe und ganz frühe Prosa Rilkes ist kaum in die Analyse einbezogen. Auch für Helmut Naumann, der sich in seinen *Studien zu Rilkes frühem Werk* nur mit der Prosa beschäftigt, beginnt Rilkes frühes Werk wie üblich, muß man beinah sagen,[2] mit *Ewald Tragy, König Bohusch* und *Im Gespräch*, Erzählungen also, die nach Rilkes Weggang aus Prag und München entstanden sind, in Berlin, im Herbst 1897 und später, so als lohnte es sich nicht, das Frühere und ganz Frühe zu betrachten. Wer sich aber auf diesen Teil des Werkes einläßt, wird sehr bald einsehen, wie viel von dem späteren schon in dem »jungen Rilke« steckt, und er wird beim Lesen immer wieder auf das Zukünftige verwiesen, die formalen Entwicklungen, die weltanschaulichen Nuancierungen und die durchgehaltenen ideellen Grundpositionen. Kritik haben die Anfänge nicht verdient und Schonung haben sie nicht nötig, sie sind Teil eines großen Werkes, dessen Entstehung und Entwicklung sie einsehbarer machen.

»Eines und immer wieder dieses Eine«

Die Menschen, denen man in den frühen Erzählungen begegnet, das sind Geschundene, Verratene, Verlassene, Leidende, Einsame, und sie sind insoweit jenen ähnlich und verwandt, die man im *Stunden-Buch* und den *Aufzeichnungen des Malte Laurids Brigge* wiederfinden wird, in den *Neuen Gedichten* und auch in den *Duineser Elegien*: Arme, Blinde, Bettler, Liebende. Die Frauen vor allem tragen die Hauptlast des Leids. Sie werden verraten und verlassen wie Betty

---

1 Zeitschrift für Bücherkunde, Leipzig, N. F. 20 (1928), Beiblatt, Sp. 272. Die Rezension ist mit G. W. (= Georg Witkowski) unterzeichnet.
2 Helmut Naumann folgt mit seinem späten Einsatz der Dissertation von Walter Seifert, *Das epische Werk Rainer Maria Rilkes*.

(*Bettys Sonntagstraum*), ausgebeutet wie Anna (*Eine Heilige*), wie »die Ann'« (*Tô*) oder die rothe Liese. Sie alle erfahren in den demütigenden Beziehungen, in die sie geraten sind, leben oder lebten, wie »ihr berühmtes Gefühl« (*Die erste Duineser Elegie*) in der Abhängigkeit von treulosen, brutalen oder würdelosen Partnern zuschanden wird. In ihrem Schicksal werden die Bedingungen einsehbar, die schließlich zu der Theorie der »intransitiven Liebe« führen, oder, wie es in der *ersten Elegie* heißt, zu jener Liebe, die sich unabhängig macht von einem Gegenüber, sich »vom Geliebten« befreit.

Ein Sonderfall des Konfliktes ist dann gegeben, wenn einer der Partner (es ist in der Regel der Mann) Künstler ist. Es entspricht Rilkes bleibender These, daß sich die Arbeit des Künstlers nicht mit den Anforderungen des praktischen Lebens und auch nicht mit den Anforderungen einer dauerhaften Bindung vereinbaren lasse. Er berief sich gelegentlich auf Künstler wie Tolstoi oder Rodin und immer wieder wurden ihm berühmte Nonnen zu Zeugen, wenn er die These erhärten wollte, daß die »Liebe noch nicht gelernt« sei und vor allem den Mann überfordere. Eines der bekanntesten Zeugnisse für diese seine Meinung ist das *Requiem für eine Freundin* von 1908 und besonders die oft zitierten Verse daraus:

»Denn irgendwo ist eine alte Feindschaft
zwischen dem Leben und der großen Arbeit.«[1]

Aber auch in den ganz frühen Erzählungen zeigt sich schon die Wirksamkeit dieser Vorstellung. Der Rath Horn gewinnt seine Schaffenskraft wieder erst nach dem Tode seiner Frau; in der Erzählung *Ihr Opfer* entscheidet sich die Ehefrau Agnes, ihrem malenden Ehemann durch ihren Freitod zu neuer Kreativität zu verhelfen. Und die beiden Liebenden in *Zwei Schwärmer* verzichten auf die Fortsetzung ihrer Beziehung, weil sie, er ein Maler – sie eines Malers Tochter – schließlich vor der Banalität des Alltäglichen zurückschrecken. Beinahe fünfzehn Jahre bevor Malte Laurids Brigge in Venedig staunend und bewundernd dem Vortrag eines Liebesliedes lauscht, schaffen es Erhard und Magda, auf die Erfüllung ihrer Liebe zu verzichten, als folgten sie der im Lied formulierten Utopie:

»wie, wenn wir diese Pracht
ohne zu stillen
in uns ertrügen?«[2]

So unterschiedlich ihre äußere Lebensgeschichte ist, so verwandt ist die innere Not von Frauen wie Clara in *Das Eine* und Lisbeth in *Der Ball*. Die eine ist verheiratet, hat ein Kind und wohnt in einer vornehmen Villa, die andere ist gerade mal sechzehn und besucht ihren ersten Ball. Aber beide sind in gleicher Weise von ihrer Umwelt in ein entfremdetes Leben gedrängte Opfer. Alles, was sie erleben, entspricht den allgemeinen Glückserwartungen, den vertrau-

1 SW 1, S. 655 f.
2 *Die Aufzeichnungen des Malte Laurids Brigge*, SW 6, S. 936.

ten Vorgaben und den üblichen Standards. Was beiden wiederfährt, gehört zur »Sitte«, ist »althergebrachte Gepflogenheit und Lebensweise« und findet die Zustimmung der Eltern, der Mutter, der Verwandten, der Gäste, der »Leute«. »Sie hat Glück«, murmeln »die Leute« gelegentlich der Heirat Claras mit einem »reichen Mühlenbesitzer«. Aber beide Frauen sind unglücklich, leiden unabsehbar, sind einsam in ihren Familien, bei allen Festen, in den Armen der Männer. Die gesellschaftlichen Rituale und gerade die glückverheißenden Momente und Stationen offenbaren ihnen nur den Verlust ihrer Freiheit, das Ende der Bewahrung ihres eigenen Selbst. Rilke wird die Sensibilität für die Gefährdungen der Integrität des einzelnen sich erhalten, sein Leben lang verteidigen, polemisch oft, unauffällig meist, aber immer unnachgiebig. Verwiesen sei im Vorübergehen auf die vielen einschlägigen Gedichte, auf *Mädchen-Klage*, *Sappho an Alkaïos*, *Don Juans Auswahl* oder auch auf das Märchen vom *Drachentöter*,[1] Texte, die die Lehre von den Gefahren verkünden, die von der Liebe ausgehen. Im drachentötenden Helden ist die Freiheit verherrlicht und verklärt, die sich erhält gegen alle Vorgaben des Mythos, gegen königliche Versprechungen und ehrende Einladungen an den Hof. Den Männern wird es Rilke schwermachen, »auf Verjährung wie Gewohnheit« zu bauen und das »Recht ⟨...⟩ auf Besitz« zu beanspruchen.[2] Was sich in den Enttäuschungen Claras ankündigt und in Lisbeths entseeltem Blick aus dem Fenster, das ist die Sehnsucht nach einem selbstbestimmten Leben. Unabhängig davon, wie man diese Grundtendenz des Werkes beurteilt hat und beurteilt, als »unzeitgemäßen Autonomiewahn«,[3] als Kraft zur »genialen Isolation«,[4] als »emanzipatorische Loslösung«[5] oder »Suche nach Authentizität«,[6] sie bleibt die oberste Maxime der Rilkeschen Ethik und wesentliches Merkmal seines Stils durch alle Handlungsmuster hindurch. Nichts anderes verkündet das Motto, das er sich für sein Testament ausgesucht hat: »Aber den klage ich vor allem an, der sich gegen seinen Willen benimmt.«[7]

Man wird vermuten dürfen, daß Renés gewaltige und gelegentlich gewaltsame Anstrengungen, auch in seiner Prosa sich zu unterscheiden von der ›obenhin sich bewegenden‹ Rede, daß die intensiven Figurationen Ausdruck

---

1 *Neue Gedichte* und *Der neuen Gedichte anderer Teil*, *Der Drachentöter* (entstanden 1901, SW 4, S. 682–688).
2 *Requiem für eine Freundin*, SW 1, S. 654.
3 Andreas Freisfeld, *Das Leiden an der Stadt*, Köln, Wien 1982, S. 117.
4 Gertrud Höhler, *Niemandes Sohn*, München 1979, S. 315.
5 Joachim W. Storck, *Emanzipatorische Aspekte im Werk und Leben R. M. Rilkes*, in: *Rilke heute. Beziehungen und Wirkungen*, hg. von Ingeborg Solbrig und Joachim W. Storck, Frankfurt/Main 1976, S. 247–285; hier S. 253.
6 Rüdiger Görner, S. 14.
7 Das Motto hat Rilke aus *Les Stances* von Jean Moréas, und er zitiert es im Original: »Mais j'accuse surtout celui qui se comporte contre sa volonté.« Vgl. Rainer Maria Rilke, *Das Testament*, hg. von Ernst Zinn, Frankfurt/Main 1974, S. [12] und S. 85.

seines Willens zur eigenen Identität sind. Man lese nur den ersten Abschnitt von *Silberne Schlangen* und übersehe dabei nicht die syntaktische (Inversionen, Ausklammerungen, Parallelismen), die klangliche (Assonanzen, Alliterationen), semantische (Metaphern, Personifikation) und rhythmische (metrisch-melodische) Inszenierung der Sätze: »die Vögel rütteln im Schlaf sich«. Mit dem sprachlichen Aufwand unterscheidet sich der werdende Dichter und rettet sich vor dem Untergang seines Helden. Schon der ganz junge Rilke hat auf seiner Dichterexistenz bestanden, in ihr überlebt und sich auf sie berufen – gegen alle Erwartungen der Familie und der Gesellschaft (Militärakademie, Handelsschule, Gymnasium – Sankt Pölten, Linz, Prag), von der die Familie ja immer nur ein Teil war. Der Vorweis sprachlichen Geschicks ist die Weise, in der sich der junge René Rilke als das vorstellt, was er sein will und einmal werden soll: ein Dichter.

Die Einstellung gegenüber der Bedrohung der Freiheit ist durch alle Werkstufen hindurch konstant geblieben. Geändert hat sich allerdings die Art und Weise, wie die Menschen mit dem Verlust ihrer Unabhängigkeit umgehen, wie sie auf die Beschädigung oder auch nur die Gefährdung ihrer Selbstbestimmung reagieren.

Als ein leuchtendes Muster darf man die Gestaltung der biblischen Geschichte vom verlorenen Sohn ansehen. Die Fassung, die Rilke der Fabel in den *Neuen Gedichten*[1] und im Schlußkapitel der *Aufzeichnungen des Malte Laurids Brigge* gibt, zeigt, daß die Wahrung der eigenen Freiheit und Unabhängigkeit gegenüber der Familie, dem Vater, den »Nächsten«, daß die Lösung aus den Zwängen der Liebe alle Verluste aufwiegt und mehr wert ist als »des Lebens Lust, Besitz und Ruhm«. Unsicherheit, Einsamkeit, die »täglich mit neuen Härten« ihn erschreckende »Armut« sind für den aus allen Bindungen Geflohenen leichter zu ertragen als »die dichte Traurigkeit jener Umarmungen, in denen sich alles verlor«. Leid, Not und Schmerzen sind Rilke schließlich kein Einwand gegen das Leben, sondern unverzichtbarer Teil seines Wesens. Das ist die »grimmige Einsicht«, von der *Die zehnte Duineser Elegie* spricht, an deren »Ausgang« doch zustimmender Jubel stehen soll. Die Entwicklung der Poesie Rilkes ist auf dieses eine Ziel gerichtet, das Leben ohne Bedingung zu feiern und die »Schmerzen« anzunehmen als dazugehörend:

>»Wir, Vergeuder der Schmerzen.
>Wie wir sie absehn voraus, in die traurige Dauer,
>ob sie nicht enden vielleicht. Sie aber sind ja
>unser winterwähriges Laub, unser dunkeles Sinngrün,
>*eine* der Zeiten des heimlichen Jahres –, nicht nur
>Zeit –, sind Stelle, Siedelung, Lager, Boden, Wohnort.«

---

[1] *Der Auszug des verlorenen Sohnes*, SW 1, S. 491 f., und *Der Fremde*, SW 1, S. 626 f.

Das sogenannte »Glück« ist im Rahmen dieser Feier des »Daseins«[1] keine maßgebliche Größe und sein Ausbleiben kein Grund, die Zustimmung zum »Hiersein«[2] zu verweigern. Das Leben annehmen, sich einrichten auch im Leid, das ist aber bekanntlich nicht einfach, zumal, wenn man auf die Tröstungen des Christentums verzichten will.

Die bedingungslose Zustimmung zu ihrem Leben, das ist folglich das, was viele der Gestalten der ersten und frühen Werke zu leisten nicht in der Lage sind. Sie suchen Lösungen und Auswege, die Rilke immer entschiedener ablehnen und ausschließen wird. Hierzu zählt jede Form der gewaltsamen Auflehnung, dazu zählen Mord und Selbstmord an erster Stelle. »Was hast du nicht gewartet, daß die Schwere / ganz unerträglich wird«,[3] heißt im *Requiem für Wolf Graf von Kalckreuth*, den Künstler, der sich das Leben genommen hatte. Es kann sein, daß Rilke bei seiner entschiedenen Ablehnung des Selbstmords durch Schopenhauer beeinflußt war, vielleicht aber wollte er auch sich selbst energisch von diesem Ausweg abbringen. In den Briefen an Valerie von David-Rhonfeld hat er wiederholt davon gesprochen, daß das Leben für ihn wertlos werden könnte: »Wie oft – ich war kaum 12 Jahr alt – wünschte ich schon – zu sterben. Der Tod hat keinen Schrecken mehr für mich, und ich warte nur ob er willig kommt oder ich ihn gewaltsam rufen muss.«[4] Ganz unabhängig von irgendwelchen philosophischen Einflüssen, literarischen Vorbildern oder persönlich-biographischen Bedingungen paßt der Selbstmord nicht zu Rilkes schließlich entschiedenem Bekenntnis zur Welt, nicht zu seiner Ontodizee. (Ulrich Fülleborn).

Im Frühwerk allerdings ist die Selbstmordrate (und auch die Rate anderer gewaltsamer Reaktionen) sehr hoch. Die Gestalten dieser frühen Erzählungen erleben zwar die gleichen Heimsuchungen wie die Bettler und Kranken und Verlassenen der *Aufzeichnungen des Malte Laurids Brigge*, aber sie haben es noch nicht gelernt, »auszuhalten und nicht zu urteilen«, sie sind noch weit entfernt von der Haltung des blinden Zeitungsverkäufers, dessen Elend und dessen »durch keine Vorsicht oder Verstellung eingeschränkte Hingegebenheit« Maltes Mittel übersteigt, und sie sind noch weit entfernt von der Erhabenheit des ratlosen, still und geduldig auf dem Balkon seines Hôtels stehenden kranken Königs Karl.[5]

Betty, Anna, Ann', Klara und Lisbeth machen noch denselben Fehler, den Franz Xaver Kappus, der junge Dichter, machte. Ihn warnte Rilke in einem Brief aus Paris (17. 2. 1903): »Sie sehen nach außen und das vor allem dürften

---

1 *Die neunte Duineser Elegie*, SW 1, S. 717.
2 *Die siebente Duineser Elegie*: »Hiersein ist Herrlich.«
3 SW 1, S. 660.
4 Vermutlich Prag, September 1894, VDR, S. 157.
5 »König Karl der Sechste«, SW 6, S. 902 und 908.

Sie jetzt nicht tun.«[1] Diesen »Blick nach außen«, vor dem Rilke den ratsuchenden Franz Xaver Kappus so eindringlich warnt und vor dem er sich selbst mehr und mehr hütet,[2] diesen Blick haben noch die meisten seiner frühen Gestalten. Sie erwarten ihr Glück von anderen, die Frauen von den Männern, die Männer von den Frauen, die Söhne von den Müttern, die Mütter von den Töchtern. Folglich liegt die Schuld für das Leid auch bei den Männern, den Frauen, den Söhnen, den Töchtern, den Müttern. Der sich vor den Zug wirft, der Sohn in *Silberne Schlangen*, ist noch zu schwach, ohne die Liebe anderer auszukommen. Daß das nicht leicht ist, ist unbestritten. Die unübersehbare Zahl der unglücklich Liebenden in der Weltliteratur bestätigt das eindrucksvoll. Und darum hat auch Rilke mit Liebenden angefangen, die das Glück bei anderen suchen und durch andere und die erst lernen müssen, daß für die Folgen niemand die Verantwortung übernehmen kann als sie selbst. Was sie einzusehen lernen müssen, ist, daß das Leid »über alle hin« geschieht, unpersönlich, zum Leben gehört.[3] Diese Einsicht ist freilich von den Figuren nur zu fordern, wenn ihr Schöpfer sie auf dem Weg dahin begleitet. Auch er muß seinen Blick ändern, absehen lernen von schäbigen Details und minderwertigen Handlungen wie dem armseligen Benehmen Karls, der »Bettys Sonntagstraum« zerstört während der Operette, absehen von den kleinen Beschäftigungen der Mädchen, die falschen Hoffnungen folgend vom Land in die Stadt geflohen sind, er muß den Stil ändern, der nach den falschen Ursachen sucht. Wie das geschieht, läßt sich schon an den frühen Erzählungen übersehen, im Vergleich zwischen *Bettys Sonntagstraum*, *Der Ball* und *Der Bettletoni* oder *Requiem*. Die Umorientierung vom Naturalismus hin zu Symbolismus und Jugendstil gibt den äußeren Rahmen an. Die Texte selbst belegen die Mühe und Anstrengung der Arbeit im Inneren bis hin zu jenen Wendungen, die selbst schon Teil der Erlösung sind, weil sich wie etwa hinter dem »Mädchen, dem der Geliebte entging«,[4] kaum mehr die Lisbeth aus *Bettys Sonntagstraum* und schon gar nicht ihr treuloser Karl vermuten lassen, die aber gemeint sind, auch.

---

[1] Briefe, Bd. I, S. 144.
[2] Rilke an Robert Heinz Heygrodt am 24. 12. 1921: »Herr Dr. Hünich wird Ihnen nicht verschwiegen haben, dass ich mich nicht entschließen kann, Bücher und Aufsätze, die von meiner Arbeit handeln, zu lesen.« (Briefe, Bd. I, S. 194)
[3] *Der Auszug des verlorenen Sohnes*, SW 1, S. 492: »und ahnend einzusehn, wie unpersönlich, / wie über alle hin das Leid geschah«.
[4] *Die erste Duineser Elegie*, SW 1, S. 686.

ERLÄUTERUNGEN
Das Eine

Erstdruck.
Textgrundlage ist Ms. 252 im RAG. Der eigenhändig geschriebene Text weist einige wenige Korrekturen auf und ist mit »René Maria Rilke« unterzeichnet, das erste Blatt oben mit dem Namen »RENÉ MARIA RILKE« gestempelt. Die Erzählung sollte in der Sammlung *Was toben die Heiden?* an dritter Stelle stehen.

Das in dieser Erzählung vorgestellte entfremdete Frauenleben bestätigt in allen seinen Aspekten (den gesellschaftlichen Ritualen, den Festen, der von den äußeren Verhältnissen bestimmten Partnerwahl, der liebeleeren Beziehung zum Mann, dem gestörten Verhältnis zum Kind) die Voraussetzungen, die im Werk Rilkes schließlich in der Verklärung des Verzichts auf die (institutionalisierte) Bindung zwischen Mann und Frau enden. Meinung und Erwartung der mitmenschlichen Umwelt führen in die Unfreiheit und zum Verlust der eigenen Identität. Weihnachten, der Ball, Ehe und Mutterschaft entsprechen nicht den Erwartungen, die mit ihnen verbunden werden. Besonders betroffen von dem Elend ist das Kind, das Zuneigung, Nähe und Zärtlichkeit entbehren muß.

In seiner negativen Sicht der Ehe wird Rilke nicht nur durch die Verhältnisse in seiner Familie (die Ehe der Eltern und die Ehe der Tante Gabriele, bei der er wohnte, waren geschieden) bestimmt gewesen sein. Ellen Key schreibt er am 3. 4. 1903, *Briefwechsel*, S. 21: »Die Ehe meiner Eltern war schon welk, als ich geboren wurde.« In der Zeitschrift »Der Zuschauer«, die René regelmäßig las, erschien Mitte 1894 eine sehr polemische Artikelserie des Mitherausgebers Constantin Brunner unter der Überschrift: »Über die Ehe.« Zitat aus Fortsetzung III vom 1. 7. 1894, S. 19: »Wäre unsere Eheeinrichtung nicht ein geschichtlich gewordenes Verhältnis, sondern etwa die Anordnung eines Machthabers: die menschliche Natur hätte sich längst empört gegen eine so ungeheuerliche Tyrannei und Gewissenlosigkeit.« Vgl. Rilke, *Briefe an Valerie*, S. 162 und Anm. In ihren ganz unbestimmten Erwartungen erinnert die Clara der Geschichte an das Bild, das Rilke von seiner Mutter zeichnet: »Sie war eine sehr nervöse schlanke, schwarze Frau, die etwas unbestimmtes vom Leben wollte.« (An Ellen Key, 3. 4. 1903, *Briefwechsel*, S. 21) Vgl. auch die Erläuterungen zu *Die rothe Liese*.

die Villa ⟨...⟩ den Arbeiterhäusern genüber] Erinnert an die ›Villa Excelsior‹, die Rilkes Onkel Jaroslav in Prag-Smichov für die Sommermonate gemietet hatte und wo Rilke 1891 einige Zeit verbrachte; vgl. die Erläuterungen zu *Was toben die Heiden?*.

der erste Christbaum] Vgl. Rilkes Weihnachtsbriefe an die Mutter, z. B. den letzten Brief an sie aus Muzot von 1925, S. 83: »so sehr ist jene Erfüllung, jene Reihe von Erfüllungen, die ich einst unter dem strahlenden Christbaum vorfand, atemlos, mit bis in den Hals klopfendem Herzen, maßgebend geblieben für alle Beschenkungen, später, des Lebens!«

Der Rath Horn

Textgrundlage ist das eigenhändige Ms. 258 im RAG. Erhalten ist auch die erste Niederschrift (Ms. 259, RAG). Die Erzählung war vorgesehen als sechstes Stück der Sammlung *Was toben die Heiden?*. Zuerst veröffentlicht wurde sie in: Rainer Maria Rilke: *Der Rath Horn – Was toben die Heiden? Zwei Erzählungen aus dem Nachlaß,* hg. von Moira Paleari, Frankfurt/Main 2000, S. 7-25.

Der Rath Horn ist die Geschichte eines Künstlers (Schriftstellers), die ihre Parallelen hat und Entsprechungen in den frühen Erzählungen und etwa auch in den *Sonetten an Orpheus*. Der Tod der geliebten Frau und die dadurch ausgelöste Trauer fördern und stärken die kreative Kraft des Erzählers bzw. Sängers. Der Selbstmord von *Agnes* (*Ihr Opfer*), Magdas und Erhards Verzicht (*Zwei Schwärmer*) und in gewisser Weise auch die ›Untreue‹ Irmas (*Der Dreiklang*) sind Abwandlungen der einen Idee, daß der Künstler alles seinem Werk opfern muß, daß »irgendwo eine alte Feindschaft ⟨ist⟩ zwischen dem Leben und der großen Arbeit.« (*Requiem für eine Freundin,* SW 1, S. 655 f.) Rilke steht mit dieser Auffassung in einer langen Tradition, die mit dem Hinweis auf den Minnesang, die Liebesdichtung der Troubadours und den Petrarkismus wenigstens angedeutet werden soll. Vgl. auch die Erläuterungen zu *Ihr Opfer.*

langgeschösselt] Abgeleitet von *Schößel,* österreichisch für Schößchen, Hüftteil mancher Kleidungsstücke.

M. . . . .] Möglicherweise handelt es sich um Mährisch-Weißkirchen, wo Rilke 1890-1891 die Militär-Oberrealschule besuchte.

16 Jahre] Das war das Alter Rilkes zu der Zeit, als er auf der Militäroberrealschule war.

vorzüglichen Lateinschülers] Rilkes Lateinnote im Abschlußzeugnis des Gymnasiums war »befriedigend«.

Horatius' herrlichen Oden] Die Oden des römischen Lyrikers gehörten immer zur Lektüre im Lateinunterricht.

Der Dreiklang

Erstdruck.
Textgrundlage ist das eigenhändige Ms. 249 im RAG. Die Handschrift weist nur eine einzige Korrektur auf und kann als Reinschrift gelten. Die Erzählung war als Nr. 8 des Novellenbandes *Was toben die Heiden?* vorgesehen.

Zur Deutung vgl. die Erläuterungen zu *Der Rath Horn*.

Er, sie, ein Hausfreund] Vgl. dazu die *Aufzeichnungen des Malte Laurids Brigge* (SW 6, S. 725): »Und als ich mein Drama schrieb, wie irrte ich da. War ich ein Nachahmer und Narr, daß ich eines Dritten bedurfte, um von dem Schicksal zweier Menschen zu erzählen, die es einander schwer machten? Wie leicht ich in die Falle fiel.« Verwiesen sei auf Rilkes Dramen (bzw. dramatische Skizzen) *Die Hochzeitmenuett* (SW 3, S. 101-109), *Die weiße Fürstin* (SW 1, S. 203-231) und *Das tägliche Leben* (SW 4, S. 877-918).
den großen, ewig=keuschen Kindern, den Künstlern] Vgl. dazu Arthur Schopenhauer, *Die Welt als Wille und Vorstellung II*, Drittes Buch, Kapitel 31: »Gerade weil im Kinde jener unheilschwangere Trieb fehlt, ist das Wollen desselben gemäßigt und dem Erkennen untergeordnet ⟨...⟩. Worauf nun die Ähnlichkeit des Kindesalters mit dem Genie beruhe, brauche ich kaum auszusprechen: im Überschusse der Erkenntniskräfte über die Bedürfnisse des Willens und im daraus entspringenden Vorwalten der bloß erkennenden Tätigkeit.« Über den Künstler als Kind mit anderer Akzentuierung siehe auch Rilkes Aufsatz *Über Kunst* von 1898 (SW 5, S. 429-431).
Die Klugen aber munkelten] Der im folgenden angedeutete Versuch einer biographischen Deutung des Stückes gehört zu den von Rilke immer abgelehnten Verstehensmustern. Vgl. seinen Brief an Robert Heinz Heygrodt vom 24. 12. 1921: »Sowenig man im Recht wäre, den Malte Laurids Brigge ⟨...⟩ als ein Bergwerk biographischen Materials abzubauen, sowenig dürfte man auch jene armseligen Geschichtchen ⟨...⟩ ins Persönliche übersetzen.«

Was toben die Heiden? ...

Textgrundlage ist das eigenhändig geschriebene Ms. 267 im RAG. Die Erzählung war als Nr. 9 der Sammlung *Was toben die Heiden und andere Novellen* vorgesehen. Der Text ist auf sechs mit römischen Zahlen (I-VI) nummerierte Blätter geschrieben. Die Handschrift weist zahlreiche Korrekturen auf, Streichungen und Nachträge über bzw. unter der Zeile oder am Rand, ist aber im ganzen leicht zu lesen. Zum Text gehört ein nicht eigenhändig mit blauem

Stift beschriebener Umschlagbogen mit der Aufschrift »René Maria Rilke, Was toben die Heiden und andere Novellen« und einer eigenhändig in schwarzer Tinte geschriebenen Widmung am Schluß: »Meinem Δαιμόνιον«. Die Erzählung entstand wohl Anfang 1896 (oder auch Ende 1895). In einer Vorbemerkung zu der in der Sommer-Beilage der Politik (Prag, 28. 6. 1896) gedruckten Erzählung Ihr Opfer heißt es: »Die folgende stimmungsvolle Skizze ist dem in Bälde erscheinenden Novellenbuche ›Was toben die Heiden‹ entnommen.« (Hünich, S. 20)
Die Erzählung wurde zuerst veröffentlicht in KA 3, S. 64-73, und dann wieder in: Rainer Maria Rilke: Der Rath Horn. – Was toben die Heiden? Zwei Erzählungen aus dem Nachlaß, hg. von Moira Paleari, Frankfurt/Main 2000, S. 29-40.

Wie die etwa gleichzeitig entstehenden Dramen Im Frühfrost (1895) oder Jetzt und in der Stunde unseres Absterbens (1896) und eine Reihe von frühen Erzählungen (Die Näherin; Frau Blaha's Magd) spielt Was toben die Heiden? in einem naturalistisch (-proletarischen) Armeleutemilieu. Fabrikhallen und Arbeitersiedlungen hatte der junge Rilke (sehr von außen) während der Sommermonate 1891 selbst kennen gelernt. Nachdem er im Frühjahr die Militär-Oberrealschule in Mährisch-Weißkirchen verlassen hatte, verbrachte er die dann folgenden Sommermonate in der ›Villa Excelsior‹, die sein Onkel Jaroslav von Rilke als Sommerwohnung gemietet hatte. Diese lag in Smichov, einer Prager Vorstadt, die sich im Laufe des 19. Jahrhunderts zu einem bedeutenden Industrieviertel entwickelt hatte. Abb. bei Rokyta, Das Schloß, Nr. 25. Vgl. das Gedicht Hinter Smichov in Larenopfer (SW 1, S. 46 f.) und Rilkes Tagebuchblatt für Valerie von David-Rohnfeld in »Sieh dir die Liebenden an«, S. 260.
Die im Stoff liegenden Möglichkeiten zu sozialer Kritik und politischem Engagement wird Rilke nicht weiter verfolgen. Bleiben wird allerdings die antikirchliche Polemik, die Ablehnung religiösen Trostes und die Distanz gegenüber bürgerlichem Besitzdenken. Die Armut wird mehr und mehr die Tugend dieser Distanz, und sie wird verklärt als Unabhängigkeit von allen Zwängen und Freiheit von aller Verstellung. Man sollte nicht übersehen, daß diese beiden Liebenden (mit Kindern) nicht verheiratet sind. Der Versuch der Auflehnung gegen das Leid im eigenen Hause ist wohl mit der Frage des Psalms (II, 1): »Was toben die Heiden?« gemeint. In der Bibel enthält sie einen Vorwurf. Vgl. dagegen die 59. Aufzeichnung des Malte und den Satz »Daß wir doch lernten, vor allem aushalten und nicht urteilen.« (SW 6, S. 903)

Kotze] Grobe Wolldecke.

Die Näherin

Textgrundlage ist die Reinschrift, die sich heute im Deutschen Literaturarchiv in Marbach befindet (als Teil des Kippenberg-Nachlasses – 62.2099). Die in vielen stilistischen Details abweichende erste Niederschrift (Ms. 261) befindet sich im RAG. Zuerst veröffentlicht wurde die Erzählung in SW 4, S. 414-426, dann wieder in KA 3, S. 20-28. Die Erzählung war – das zeigt die Blaustiftzahl ›10‹ auf dem Umschlagblatt der Reinschrift – für den Novellenband *Was toben die Heiden?* vorgesehen. Sie entstand vermutlich in der zweiten Jahreshälfte 1894 oder Anfang 1895.

Die Erzählung ist ein Musterbeispiel für die in Rilkes Werk durchgehend zu beobachtende innere Distanz zur Lebenswelt des Bürgers (Familie der Braut Hedwig) und die in der Unversöhnlichkeit zwischen den Wünschen des Individuums und der gesellschaftlichen Realität gründende Triebspaltung: die Entwertung der eigenen Sehnsüchte trifft die Frau, die deren Befriedigung gestattet. Die konventionelle Beziehung hat keine sexuelle Realität, und die großen Gefühle kommen in dieser Erzählung gar nicht vor. Zur Deutung der »Näherin« als der »dämonisch sinnliche Typus der tschechischen Frau ⟨...⟩, die die gesellschaftlich sie weit überragenden jungen Prager deutschen Männer unwiderstehlich in ihre slawische Welt der ungebundenen Leidenschaften herabzieht«, siehe Preisner, S. 235. Vgl. auch die Erläuterungen zu *Die rothe Liese*.

Schwester Helene

Erstdruck.
Textgrundlage ist Ms. 256, RAG (erste Niederschrift). Erhalten ist auch die Reinschrift (Ms. 257, RAG). Die Erzählung war als Nr. 11 des Novellenbandes *Was toben die Heiden?* vorgesehen.

In einem zwar anderen (bildungsbürgerlichen) Milieu angesiedelt, ist doch der Konflikt dieser Skizze in manchem dem der vorhergehenden (und manch anderer) Erzählung verwandt. Das betrifft vor allem die sexuell bedingte Labilität der Beziehungen, vor der sogar die Schwester/Nonne Helene nicht sicher ist. Vgl. auch den Priester und die Dirne in *Die rothe Liese*. In diesen Rahmen fügen sich (als Gegenmodell oder Variante) die Motive und Themen der erwähnten Lektüre.
Literatur: Zu Rilkes Goethe-Lektüre siehe Mason, *Rilke und Goethe* (mit weiterführender Literatur).

Zwischen den Seiten ⟨...⟩ *bald Bänder]* Die bleibende Aufmerksamkeit Rilkes für Lesezeichen bestätigen noch Maltes ausführliche Überlegungen zu dem »schmalen Leseband« in dem »kleinen grünen Buch«, vgl. dazu die *Aufzeichnungen des Malte Laurids Brigge*, SW 6, S. 881. Vgl. die Erläuterungen zu *Das Ereignis*.

Hermann und Dorothea] Herrmann und Dorothea, Epos in neun Gesängen von J. W. Goethe, erschienen 1797.

Der Landprediger] Gemeint ist wohl *The Vicar of Wakefield*, Roman von Oliver Goldsmith, erschienen 1766.

Wilhelm Meister] Wilhelm Meisters Lehrjahre oder: *Wilhelm Meisters Wanderjahre*, Romane Goethes, erschienen 1795/96 bzw. 1821/29. Rilkes Lektüre von *Wilhelm Meisters Lehrjahre* ist schon für 1892 nachgewiesen. Siehe Carl Sieber: *Rilkes äußerer Weg zu Goethe*, S. 51, und den dort zitierten Brief an die Mutter.

Werthers Leiden] Die Leiden des jungen Werthers, Roman Goethes, erschienen 1774. Die Lektüre des *Werther* betätigt ein Gedicht vom August 1896 (SW 1, S. 89: »Ob du's noch denkst«).

Silberne Schlangen

Erstdruck.

Textgrundlage ist das eigenhändige Manuskript (Ms. 262, RAG). Das Titelblatt trägt die mit Blaustift geschriebene Ziffer ›12‹, den mit Tinte geschriebenen Titel und den Namenszug »René Maria Rilke«. Der Text steht auf drei mit römischen Zahlen durchnumerierten Blättern im Folioformat und war als Nr. 12 für den Sammelband *Was toben die Heiden?* vorgesehen.

Die ambivalente Rolle der Mutter, gegen die sich der Sohn auflehnt und deren Zuwendung er sich erträumt, spiegelt auffällig persönliche Erfahrungen des Dichters im Verhältnis zur eigenen Mutter und ist typisch für alle Darstellungen der Mutter-Sohn-Beziehung bis zum Schlußkapitel der *Aufzeichnungen des Malte Laurids Brigge* und z. B. auch der Darstellung des Verhältnisses Jesu zu Maria (*Von der Hochzeit zu Kana* – SW 1, S. 675 f.). Von einer Einmischung Sophie Rilkes in die Liebesbeziehung des Sohnes zu Valerie von David-Rhonfeld erfährt man etwa in einem (undatierten) Brief vom Spätsommer 1893 (VDR, S. 90-92, und, verbunden mit Selbstmordgedanken, in dem Brief vom ⟨September 1894⟩, VDR, S. 157): »Der Tod hat keinen Schrecken mehr für mich, und ich warte nur ob er willig kommt oder ich ihn gewaltsam rufen muss. So manch ein glückliches Leben schließt er plötzlich ab, sollte er nicht von Mitleid erfüllt meinem unseligen Sein ein Ende bereiten?... Kaum dass wir einen Tag den süßen Trank ungetrübten Glückes genießen, muss er uns gleich wieder durch die Gemeinheit irgend einer verächtlichen Hinterbringerin vergiftet werden.« Wegen der Selbstmorddrohungen Rilkes s. VDR, S. 279: »drohte er sofort mit Selbstmord«. Der Tod der geliebten Frau und der Selbstmord des Sohnes sind nur die sichtbare Form ihrer Entwertung durch die Mutter (vgl. auch die folgende Anmerkung). Sanfter dargestellt ist die Einflußnahme der Mutter Beate (und des Vaters) auf die Liebesbeziehung des Sohnes Miroslav in der Erzählung *Leise Begleitung* (SW 4, S. 504-508 und KA 3, S. 242-245). Vgl. auch die Erläuterungen zu *Das Eine*.

Zu den zahlreichen Selbstmorden in den frühen Erzählungen (sieben) müßte noch der Selbstmord der Verlassenen in dem Vally gewidmeten Gedicht *Friede* vom 12. 9. 1893 hinzugerechnet werden (VDR, S. 221 f.). Im übrigen ist die Erzählung ein frühes Zeugnis für Rilkes Einstellung zur modernen Technik. Vgl. auch den Anfang von *Pierre Dumont*. 20 Jahre vor Rilkes Figur starb Tolstois Anna Karenina auf den Schienen einer russischen Bahnstation, und sie schon erinnert sich an den Menschen, »der von ihrem Zuge zermalmt worden war«.

Literatur: Über Phia Rilke und Rilkes Verhältnis zu seiner Mutter vgl. Simenauer, Kleinbard, Schank (aus psychologischer Sicht), Demetz, Koenig, Ritmeester, Mieder und Scrase (in Sophia Rilke, *Ephemeral aphorisms*), die Briefe Rilkes an die Mutter (in: Phia Rilke, *Gedanken für den Tag*), die Biographien von Leppmann, Prater und Freedman sowie August Stahl, *Die tödlichen Folgen mütterlicher Eitelkeit*. Zu Rilkes Gedicht ›Von der Hochzeit zu Kana‹, in: *Wir wissen ja nicht, was gilt. Interpretationen zur deutschsprachigen Lyrik des 20. Jahrhunderts*, hg. von Reiner Marx und Christoph Weiß, St. Ingbert 1993, S. 37-52.

Nein, die Mutter – kennt ihn nicht.] Vgl. dazu das Gedicht: *Ach wehe, meine Mutter reißt mich ein* (SW 2, S. 101 f.) vom 14. 10. 1915 und die Zeilen: »Nur einzig meine Mutter kennt es nicht, / mein langsam mehr gewordenes Gesicht.«

Er ist noch ein Kind] Vgl. etwa *Die dritte Duineser Elegie* (SW 1, S. 693-696; hier S. 694: »Mutter, *du* machtest ihn klein«), und die 30. Aufzeichnung des *Malte Laurids Brigge* (SW 6, S. 797 f.: »Und dann kam eine von diesen Krankheiten«). Carl Sieber (*René Rilke*, S. 77): »In solchen Krankheiten saß seine Mutter am Bett und las ihm vor.«

»To«

Erstdruck.
Textgrundlage ist die nicht eigenhändige Handschrift (Ms. 265, RAG). Die Eigentümlichkeiten fallen besonders auf, weil fast kein ›th‹ vorkommt und die Schreibung von ›ss‹ und ›ß‹ abweicht von der Schreibgewohnheit Rilkes. Der Text steht auf vier Seiten im Folioformat. Das Titelblatt zeigt außer dem Titel noch die mit Blaustift geschriebene Ziffer ›14‹, was heißt, daß die Erzählung als Nr. 14 des Novellenbandes *Was toben die Heiden?* vorgesehen war. Hinter den Titel auf der ersten Seite hat Rilke mit eigener Hand seinen Namen geschrieben: »von René Maria Rilke«.

Wie Clara (*Das Eine*), Lisbeth (*Der Ball*), Anna (*Eine Heilige*) oder auch Betty (*Bettys Sonntagstraum*) so ist auch die Ann' dieser Erzählung eine der geschundenen, »abgenutzten« Frauen in Rilkes Werk (*Aufzeichnungen des Malte Laurids Brigge*, SW 6, S. 824: »Abelone war da, und man nutzte sie ab, wie man eben konnte«). Die Auflehnung aber werden die Gequälten im Werk Rilkes aufgeben, sie werden es lernen »auszuhalten« und zu bleiben »neben Tobenden und Trinkern« (SW 6, 833). Alkoholismus und Vererbungslehre gehören zu den Themen der Literatur des Naturalismus (G. Hauptmann: *Vor Sonnenaufgang*). Aber auch die Vererbungslehre Darwins war Rilke schon seit seinen Prager Jahren bekannt (Vgl. Rainer Maria Rilke: *Briefe an Valerie von David-Rhonfeld*, S. 188 und *Böhmische Schlendertage*, SW 5, S. 298). Ebenfalls dem Naturalismus zuzuordnen ist der Gebrauch der Mundart. Unabhängig von der konkreten Motivation ist die Tötung des Sohnes durch die Mutter als Motiv der Rilkeschen Dichtung zu werten, gewissermaßen symbolisch zu lesen. Vgl. die Erläuterungen zu *Silberne Schlangen*. Hinzuweisen wäre auch auf Rilkes Kommentar zu dem Prozeß gegen den »Kindsmörder« Josef Ott (*Der offene Brief an Maximilian Harden*, SW 5, S. 482-493), die Erzählung *Frau Blaha's Magd* (1899), SW 4, S. 623-629) und etwa *Die vierte Duineser Elegie*: »Mörder sind leicht einzusehen.« (SW 1, S. 699) Ein Vergleich Ann's mit anderen Kindsmörderinnen (in Goethes *Faust*, Schillers Ballade *Die Kindes-Mörderin*, G. A. Bürgers *Des Pfarrers Tochter von Taubenhain*) würde bei allen Unterschieden manche Ähnlichkeit in der Notlage der Frauen entdecken.
Zu Rilkes Interesse an Kriminalfällen und Verbrechen vgl. Stahl, *Rilke und die Wiener Justiz*, und Görner, S. 63-67.

Madonnenstich] Zur Marienfrömmigkeit vgl. die Anm. zu *Eine Heilige*, »Byzantinische ⟨...⟩ Heiligenbilder«.
Sperrstunde] Besonders in Österreich übliche Bezeichnung für Polizeistunde, auch für die Stunde, in der die Haustüre verschlossen wird.

Der Tod

Erstdruck.
Textgrundlage ist die eigenhändige Reinschrift (Ms. 266, RAG). Der Text umfaßt 2½ Seiten im Folioformat. Dem Titel folgt »v. René Maria Rilke«, ebenfalls eigenhändig. Die mit Blaustift geschriebene Ziffer ›15‹ in der linken oberen Ecke zeigt, daß die Skizze für den Sammelband *Was toben die Heiden?* vorgesehen war. Sie ist vor dem 3. 8. 1895 entstanden. Rilke erwähnt die Erzählung in einem auf diesen Tag zu datierenden Brief an Valerie von David-Rhonfeld (VDR, S. 203): »Das war eine Nacht! Ich habe nicht ein Auge geschlossen. Schwer und schwarz wie auf dem kleinen Vögelchen im ›Tod‹ wuchtete die Finsternis auf mir.«

Die Erzählung bestätigt Rilkes lebenslange Aufmerksamkeit für das Thema Tod und Vergänglichkeit (Uhr als Symbol). Man denke nur an den dritten Teil des *Stunden-Buchs*: *Von der Armut und vom Tode*, an die vielen Sterbeszenen in den *Aufzeichnungen des Malte Laurids Brigge* oder die *Zehnte Duineser Elegie*. Zum Tod eines Tieres vgl. auch die Erzählungen *Eine Tote* (in diesem Band und SW 4, S. 441 f.), *Der Totengräber* (SW 4, S. 697 f.) und Rilkes *Offener Brief an Maximilian Harden* (SW 5, S. 488 f.). In Maltes 47. Aufzeichnung (SW 6, S. 859 f.) ist vom Tod eines Hundes und dem Tod der Fliegen im Herbst die Rede. Bekannt sind in der Literatur Gottfried Kellers Gedicht *Die kleine Passion* (Tod einer Fliege) und Leo Tolstois eindrucksvolle Erzählung vom Tode eines Pferdes durch den Abdecker in *Cholstomer (Der Leinwandmesser. Die Geschichte eines Pferdes,* letztes Kapitel) von 1863, erschienen 1885 (übersetzt 1887). Vgl. dazu Anm. zu *Der Betteltoni*.

Legkasten] Schrank zur Aufbewahrung von Wäsche.

Die goldene Kiste

Textgrundlage ist der Erstdruck der Erzählung im »Unterhaltungs-Blatt« der *Nürnberger Stadtzeitung*, Nr. 5, Nürnberg, 2. 2. 1895. Das RAG besitzt einen Sonderabdruck (Z 174) mit dem Vermerk: »Als Manuskript gedruckt«. In der Bibliographie Hünichs (S. 14) ist nur dieser Sonderdruck vermerkt (und an der chronologisch falschen Stelle, d. h. zu spät eingeordnet). Zu dem Sonderdruck gehört ein eigenhändig geschriebener Umschlagbogen mit der Aufschrift: »Die goldene Kiste. (im Druck) von René Maria Rilke«. Außerdem findet dort sich eine mit Blaustift geschriebene ›18‹, woraus zu schließen ist, daß die Erzählung in dem geplanten Sammelband *Was toben die Heiden und andere Novellen* an 18. Stelle hätte stehen sollen. Die Erzählung wurde auch aufgenommen in SW 4, S. 426-432 und in KA 3, S. 11-14. Eine Handschrift ist nicht erhalten.

Die Erzählung entstand während Rilkes Gymnasialzeit. Nach bestandenem Abitur (9. 7. 1895) fuhr er mit seinem Vater zur Erholung in das Ostseebad Misdroy (August 95). Als er dort im Album der Tochter des Prager Hausarztes seines Vaters seine Novelle *Die goldene Kiste* entdeckte, bedankte er sich mit einem Gedicht ⟨Für Fräulein Ella Glässner⟩ (SW 3, S. 509). Die Personenkonstellation (einsame Mutter / Witwe mit Kind / Sohn oder Tochter) entspricht der in *Pierre Dumont, Tö, Der Ball, Silberne Schlangen* und vielen anderen Erzählungen (*Einig*, SW 4, S. 89-96; *Die Letzten*, SW 4, S. 247-282) bis hin zu *Malte Laurids Brigge*. Eine Familie wie die in *Was toben die Heiden?* gibt es nicht, und wäre es auch nur eine untergehende. Vom Thema des Todes her fügt sich die Erzählung in den Zusammenhang der hier zusammenkommenden Texte. Vgl. dazu die Erläuterungen zu *Silberne Schlangen*.

Pierre Dumont

Textgrundlage ist das eigenhändige Manuskript Ms. 250 im RAG. Die kleine Skizze erschien erst nach Rilkes Tod in dem Buch seines Schwiegersohnes Carl Sieber, *René Rilke*, S. 141-150. Erhalten ist die wohl erste Niederschrift (Ms. 250, RAG) und eine fehlerhafte Abschrift von fremder Hand (Ms. 251). Die SW (4, S. 407-414) folgen Ms. 250, während Carl Sieber sich auf Ms. 251 stützte und auch dessen Verlesungen übernahm. Die Erzählung war ursprünglich für den Band *Was toben die Heiden?* als Nr. 22 vorgesehen. Am 14. 2. 1895 hatte Rilke bei dem »sehr verehrten Herrn Schriftleiter« von Velhagen und Klasing angefragt, ob er sich erlauben dürfe, »einen kleinen novellistischen oder lyrischen Beitrag für Ihr geschätztes Blatt zur Verfügung zu stellen«. Am 22. 2. übersandte Rilke dann »zwei kleine Skizzen ›Pierre Dumont‹ und ›Der kleine Fridolin‹ zur Verfügung« und bat »um gütigste jedesfallsige Rücksendung der Manuskripte« (*Chronik*, S. 32). *Der kleine Fridolin* gehört zu den 10 Erzählungen Rilkes, die verschollen sind. Auf der letzten Seite des Manuskriptes 250 ist nachträglich mit Bleistift ein Gedicht von acht Zeilen eingetragen und mit dem Datum vom 6. 7. 1894 versehen. *Pierre Dumont* wird also früher entstanden sein.

Pierre Dumont ist das erste Prosawerk, in dem Rilke die »Verstrickung« (Erich Simenauer) des Sohnes in die Beziehung zur Mutter darstellt, ein zentrales Thema bis zum *Malte*, dem *Marien-Leben* und den *Duineser Elegien* (vgl. dazu auch die Erläuterungen zu *Silberne Schlangen*). Für W. Leppmann (S. 27) gehört die Skizze zu den »frühesten und lebenswärmsten« Versuchen Rilkes, sich von seiner eigenen »verunglückten Kindheit durch künstlerische Verarbeitung zu befreien«. Die Auflösung des elterlichen Haushalts, die Trennung von der Mutter und der Eintritt in die Militär-Unterrealschule St. Pölten sind die entscheidenden Stationen des kindlichen Leidensweges. In diesem Zusammenhang wäre insbesondere auf *Die Turnstunde* (SW 4, S. 594-601/609 und KA 3, S. 435-440) und den Brief an General-Major von Sedlakowitz vom 9. 12. 1920 (Briefe, Bd. II, S. 91-96) zu verweisen. Der Witwenstand der Frau Dumont spiegelt die Tatsache, daß Rilkes Eltern seit 1884 getrennt leben. Der Vater war zwar kein »Kapitän« wie Herr Dumont, aber er war Soldat, und auch an seiner Seite hätte Frau Dumont »das Wesen des Soldatenlebens« kennenlernen können.

Literatur: Kim, F. Look, S. 112-118; Schank, bes. S. 250-253, Ryan, S. 11 und S. 41-49.

Offizierswitwe] Rilkes Vater war zuletzt Kadettkorporal und wurde nie zum Offizier ernannt. Phia Rilke, die seit 1884 getrennt von ihrem Mann lebte, kleidete sich gerne in Schwarz, nach Art einer Witwe.

ein kaum elfjähriger Knirps] Rilkes Alter beim Eintritt in die Militär-Unterrealschule in St. Pölten Anfang September 1886.

ärarischen Lettern] Nach lat. aerarium »Schatzkammer«.

auf der mehrstündigen Reise] Von Prag nach St. Pölten.

Schwarze, rauchige Magazine] Lagerhäuser. Bei Rilke seltene Kulisse, vgl. *Das Eine* und die Anm. zu »Fabrikshallen«.

während der zweimonatlichen Ferien] Die Sommerferien 1886 verbrachte Rilke in Bad Wartenberg.

selbander] Veraltet für: zu zweit, miteinander.

am Flußufer] Gemeint ist wohl das Ufer des durch St. Pölten fließenden Traisen.

glastenden] Dichterisch für »glänzenden«.

»Es wird Herbst«] Rilke begann seine Zeit in St. Pölten Anfang September 1886.

Julie war ein Cousinchen] Es ist nicht ganz sicher, an welche Kusine Rilke denkt, möglicherweise Gisela Mähler von Mählersheim, von der später in den Briefen an Valerie von David-Rhonfeld öfter die Rede ist und von der sich Rilke gegenüber Valerie sogar distanzieren mußte: »Ich habe, Du weißt es, G ..... nie geliebt, – ich habe mit ihr verkehrt wie es die Verhältnisse bei Entz ergeben haben.« (An Valerie von David-Rhonfeld am 2. 5. 1893, VDR, S. 35) Siehe auch die mit »Dein Cousin René« unterschriebenen ›Stammbuchverse für Gisela Mähler von Mählersheim‹ vom März 1893 (SW 6, S. 1218). Nach Carl Sieber (*René Rilke,* S. 61) war Irene (1864-1911), die Tochter Jaroslavs, verheiratet mit Oskar von Kutschera-Woborski, »Rilkes Lieblingscousine«.

zu den Englischen Fräulein oder Sacrecœur] Englische Fräulein, eine im 17. Jahrhundert nach der Jesuitenregel gegründete Kongregation für Erziehung und Unterricht der weiblichen Jugend. Ein selbständiges Generalat bestand in St. Pölten.

Christbaum herrichten] Rilke versäumte nie, seiner Mutter einen Weihnachtsbrief zu schicken, und das Weihnachtsfest gehörte für den aus allen familiären und bürgerlichen Bräuchen und Riten hinausgeratenen Rilke zu den Festen, von denen er sich schwer trennte. Vgl. etwa ‹Vor Weihnachten 1914› (SW 2, S. 427-430), das Prosa-Gedicht *Sandwiches-Männer* (SW 6, S. 1141-1143), die *Weihnachtsbriefe an die Mutter* und in diesem Band *Das Eine* und *Das Christkind*.

»Mathematik ‹...›, das geht dir schwer!«] Autobiographisches Faktum. Vgl. das Gedicht *Mein Geburtshaus* (SW 1, A. 41): »wo heiße Tränen / mir das ›Rechnen‹ ausgepresst.«

»Und dass du dich nicht verkühlst ‹...› abdeckst«] Rilke war stets kränklich. Im zweiten Schuljahr fehlte er 200 Schulstunden, die beiden letzten Viertelschuljahre im dritten Schuljahre versäumte er ganz (Sieber, S. 75), und er litt auch später häufig unter Erkältungskrankheiten. Nach Ansicht des Vaters wurde er von der Mutter verhätschelt. Vgl. auch *Silberne Schlangen* (»Deck dich gut, gut zu«), *Das Eine* (»Das Kind hatte sich aufgedeckt. / Sie aber rührte sich nicht«).

ein kleiner Rattler] Englische Hunderasse.

eine brutale Stimme] Nach Rilkes Darstellung war die Zeit auf der Militärschule eine »überwältigende Knechtung und Heimsuchung« (An General-Major von Sedlakowitz, 9. 12. 1920. – Briefe, Bd. II, S 94); vgl. auch Hermine Proeschel, *Ein Notizbuch*. Sierre: 29. April 1923, in: »*Le pur espace et la saison*«. *Rilke en Valais. Rilke im Wallis*, hg. von Curdin Ebneter, Ausstellungskatalog Sierre, Juin-Septembre 2000, S. 16: »das plötzliche aus Allem herausgerissen werden, ohne Übergang die Militärschule in St. Pölten«.

Der Ball

Erstdruck.
Textgrundlage ist die eigenhändige Reinschrift (Ms. 246, RAG).

Die Geschichte der von ihrer (rücksichtslos-ichbezogenen, ihr und ihren Problemen gegenüber verständnislosen) Mutter ausgebeuteten und ihrer Selbstbestimmung ganz beraubten Lisbeth spiegelt einen immer wiederkehrenden Konflikt im Werk Rilkes, den Konflikt des einzelnen mit der Gesellschaft, der einmal aggressiv durchgefochten wird wie in *Ewald Tragy*, dann wieder nur leidend erfahren wird wie hier. Gegen die Mutter, gegenüber den Erwartungen der »Leute« und gegen die Routine der gesellschaftlichen Rituale und die »althergebrachte Gepflogenheit« sich aufs Sprichwörtliche berufender Zwänge ist die in ihrer Selbstfindung verunsicherte Heranwachsende wehrlos.

l'appetit vient en mangeant] Sprichwort (frz.): Der Appetit kommt beim Essen. Richtig wäre: appétit.
meinte einer der Herren obenhin] Beispielhaft für die das Gegenüber verfehlende Konversation.
Ich bin nicht wie die Andern] Vgl. dazu *Ewald Tragy,* SW 4, S. 532 f.: »›Nein,‹ schrei ich sie an, ›es gibt keinen wie ich, hat nie einen Solchen gegeben . . . .‹«
ich werde schlecht werden] Zu dieser Unsicherheit der Heranwachsenden vgl. *Mädchen-Klage, Neue Gedichte,* SW 1, S. 481 f.:

> Will mich Meines nicht mehr trösten
> und verstehen wie als Kind?
>
> Plötzlich bin ich wie verstoßen,
> und zu einem Übergroßen
> wird mir diese Einsamkeit,
> wenn, auf meiner Brüste Hügeln
> stehend, mein Gefühl nach Flügeln
> oder einem Ende schreit.

Das Mädchen aber kauerte zitternd am Fenster und sah hinaus] In Arthur Schnitzlers Schauspiel *Liebelei* (Uraufführung am 9. 10. 1895) beschreibt im 2. Akt Christine ein Bild: »Das ist ein Mädel, die schaut zum Fenster hinaus, und draußen, weißt, ist der Winter – und das heißt ›Verlassen‹.«

Der Betteltoni

Erstdruck.
Textgrundlage ist die eigenhändige Reinschrift (Ms. 247, RAG), ein Deckblatt mit Titel, 12 beschriebene Seiten.

Die Hauptgestalt der Erzählung ist eine der Randfiguren, die in Rilkes Werk nicht selten sind, ein Mensch mit einem Handikap, der aber gerade dadurch unabhängig ist vom Meinen und den Erwartungen seiner Umwelt. Was ihn daneben auszeichnet, ist seine Fähigkeit, zärtlich zu sein und zärtlich umzugehen mit der Kreatur. Angeregt scheint die Geschichte durch Leo Tolstois Erzählung *Cholstomer (Der Leinwandmesser)*; vgl. auch die Erläuterungen zu *Der*

Tod. Wie Tolstois Cholstomer so hat Miko menschliche Eigenschaften, ist aufmerksam und nachdenklich (»Miko war klug.«). Allerdings hat Miko in Betteltoni, dem Unbeholfenen, anders als Cholstomer, einen menschlichen Herrn. Bei Rilke ist auch, anders als bei Tolstoi, die (moralische) Kritik an der herrschenden Gesellschaft kaum wahrzunehmen, sie ist allenfalls aufgehoben in der verklärten Darstellung einfachster Verhältnisse, ein Beispiel für die nicht nur frühe Rezeption Tolstois, sondern zugleich auch für die von Rilke immer gewahrte Unabhängigkeit gegenüber Vorbildern. *Der Betteltoni* bestätigt die Mitteilung Carl Siebers (S. 108), Rilke habe schon 1891 in Linz Tolstoi gelesen. Rilkes Aufmerksamkeit für Pferdegeschichten belegt sein Brief an Marie von Thurn und Taxis vom 13. 6. 1914 über »die Lektüre, die mich am Meisten berührte in den letzten Wochen 〈...〉 Maeterlinck's Aufsatz über die elberfelder Pferde«. Der Artikel »Die Pferde von Elberfeld« war im Juni-Heft der »Neuen Rundschau« (S. 782-820) erschienen. Bei der Gelegenheit sei auch an Rilkes sehr frühe Zeichnung erinnert, von der Carl Sieber (*René Rilke*, S. 78) berichtet: »auf einem Bild ›beim toten Herrn‹ senkt ein Pferd seinen Kopf über einen toten Husarenoffizier«.

Chaluppe] (tschech. Chalupa) baufälliges Haus.

Das Christkind

Textgrundlage ist der Erstdruck von 1898. Die Erzählung steht in der Novellensammlung *Am Leben hin* an achter Stelle. Der Band erschien im März 1898 im Verlag von Adolf Bonz & Comp., Stuttgart (Hünich, S. 27), und wurde wieder abgedruckt in: *Erzählungen und Skizzen aus der Frühzeit*, Insel Verlag, Leipzig 1928, S. 75-86. Eine nicht eigenhändige Reinschrift (Ms. 248, früher im RAG) ist verschollen.

In der Erstausgabe von *Am Leben hin* ist diese Erzählung in das Jahr 1893 datiert und damit als das wohl älteste Stück der Sammlung gekennzeichnet. Die Reinschrift von fremder Hand stammte möglicherweise von Valerie von David-Rhonfeld, Rilkes Freundin dieser Jahre, seinem »geliebten angebeteten Piepmatz« (VDR, S, 90). In einem Brief aus Schmargendorf schrieb Rilke an Jakob Wassermann am 20. 9. 1898: »Sie haben mein Buch so gelesen, wie es geschrieben ist. Ich liebe es immer noch, trotz seiner Schwächen; nur Unfähigkeiten aus früherer Zeit wie ›Das Christkind‹ möchte ich nicht mehr darin finden müssen. Übrigens bin ich viel weiter von diesen Skizzen entfernt, als man glauben mag ...« (SW 4, S. 979). Rilke reagierte mit diesem Brief sicher auf die wenige Tage vorher in der *Zeit* erschienene Rezension des Bandes durch Jakob Wassermann (*Die Zeit*, No. 207, 17. 9. 1898, S. 189), wo dieser behauptet hatte, Rilke stecke »tief im Christenthum und in jener Ästhetik des Erbarmers, die wir mit allen Kräften fortwerfen müssen, um fessellos in das neue Jahrhundert treten zu können.« (S. a. Fullenwider, S. 1, II: 1) Dem Rat seines Münchener Bekannten wird Rilke nachkommen, aber nur im Rahmen seines eigenen Denkmodells. Christliche Motive, Bilder und Vorstellungen wird er nie aufgeben, er wird sie sich anverwandelnd aneignen.

Bei allen »Schwächen«, bei aller Rührseligkeit und allem falschen Pathos ins Kitschige getriebener Religiosität ist die Erzählung ein Muster für Rilkes Darstellung kindlicher Schicksale. Elisabeth steht für alle einsamen, verlassenen (allein gelassenen auch wie Lisbeth in *Der Ball*) und geschundenen Kinder dieses Werkes.

Andersen] Hans Christian Andersen (1805-1875), dänischer Märchendichter. Weit über den Vergleich hinausgehend scheint Andersens Märchen *Das kleine Mädchen mit den Schwefelhölzern* anregend gewesen zu sein, in ihrer Einsamkeit, ihren Träumen, ihrer Himmelfahrt.

Eine Heilige

Erstdruck.
Textgrundlage ist das eigenhändige Manuskript, vier ganzseitig beschriebene Blätter im Folioformat (Ms. 255, RAG). Am Schluß der Name: »René Maria Rilke.«

Die »schwarzhaarige Anna« ist nicht nur eine vom Leben enttäuschte Frau wie viele andere, wie Betty in *Bettys Sonntagstraum*, sie ist auch eine, die sich wehrt wie die Ann' in *»To«*, wenn auch falsch, gewalttätig und ausweglos. Die Lage, in die sie ihr eigener Ehemann bringt, entspricht der, in die in Rilkes Drama *Im Frühfrost* (SW 4, S. 707-773; KA 3, S. 669-722) die Tochter Eva von ihrer Mutter gedrängt wird. Der Selbstmord Claras (*Das Eine*) und der Selbstmord von Agnes (*Ihr Opfer*), wenn auch je anders motiviert, sie offenbaren die gleiche Trostlosigkeit der Lage, in der sich die Frauen befinden, und die Frauen im Werk Rilkes sind nicht allein. Man denke nur an die Frauengestalten bei Hauptmann oder Ibsen, bei Flaubert. Die Gegenwehr Annas, Ann's, Claras oder der Agnes wird im späteren Werk Rilkes ganz zurücktreten hinter dem Bild der geduldig leidenden Frauen, etwa jenen, von denen in den *Aufzeichnungen des Malte Laurids Brigge*: »Und die, die blieben neben Tobenden und Trinkern, weil sie das Mittel gefunden hatten, in sich so weit von ihnen zu sein wie nirgend sonst« (SW 6, S. 833). Dabei denkt Rilkes Malte wohl auch an J. P. Jacobsens *Fru Marie Grubbe* (1876), jedenfalls so wie er sie sieht. Selbstmord und Auflehnung wird Rilke nicht mehr akzeptieren (SW 2, S. 242, 28. 2. 1920):

Letztes ist nicht, daß man sich überwinde,
nur daß man still aus solcher Mitte liebt,
daß man auch noch um Not und Zorn das Linde,
Zärtliche fühlt, das uns zuletzt umgiebt.

Das Motto (Röm. 6, 23): »Denn der Sünde Sold ist Tod« ist keineswegs nur beiläufig zu lesen. Die Erzählung reflektiert wiederholt den Gedanken, daß man einzustehen habe als Geheiligter für die Gerechtigkeit: »auch gebet eure Glieder nicht der Sünde hin zu Werkzeugen der Ungerechtigkeit, sondern wie Neubelebte vom Tode weihet euch Gott; und bietet eure Glieder Gott zu Werkzeugen der Gerechtigkeit dar.« (Röm. 6, 13) Die religiöse Sicht ist allerdings verlagert, wenn es die Erinnerung an eine Liebesnacht ist (»süße Wonnen«), die zum Motiv für die Vernichtung »alles Hässlichen« wird. Die Tötung des verkommenen Ehemannes ist als symbolischer Akt zu verstehen.

der ernsten, Byzantinischen, nachgedunkelten Heiligenbilder] Gemeint sind Heiligenbilder im Stile der von der Ostkirche (Konstantinopel) geprägten Ikonenmalerei, deren russische Variante Rilke später bewundern wird und die in seinem Werk (*Geschichten vom lieben Gott, Das Stunden-Buch, Das Marien-Leben*) zahlreiche Spuren hinterlassen wird. Aber schon in dieser wie in anderen frühen Erzählungen ist die Marienfrömmigkeit zu beobachten (*Die rothe Liese, Requiem*). Das hängt u. a. auch mit dem Einfluß der Mutter zusammen, ein Einfluß, der sich in Rilkes Vornamen »Maria« zeigt. Vgl. Sophie Rilkes Brief an ihren Sohn am 17. 12. 1922): »Am 3. Dez. . . . um Mitternacht, . . . und da es zum Samstag ging –, wurdest Du sofort ein Marienkind! – der gnadenreichen Madonna geweiht . . .« (*Chronik*, S. 7)
Entsagende, gebende Liebe] Vgl. dazu die gründlich bewundernden Sätze Maltes über Tatjana Alexandrowna aus dem Nachlaß zu den *Aufzeichnungen*: »Ihre wertlosen Dinge waren zusammengestellt; es sah aus, als ließe sie sie nur zurück, weil sie nicht denken mochte, daß ihr etwas gehöre. Vielleicht geschah es aus demselben Grund, daß sie nichts vernichtet hatte; es paßte zu ihr, daß sie nichts für das endgültige Eigentum ihres Herzens hielt und meinte, es müsse alles gewissenhaft zurückgegeben werden an Gottes strenges Ärar.« (SW 6, S. 977)
kreidig] Nach der Redewendung, bei jemandem, dem Wirt, in der Kreide stehen, Schulden haben.
der Schlauchel] Schlaucherl (österr.) lustiger Kerl.

Die rothe Liese

Erstdruck.
Textgrundlage ist das eigenhändige Manuskript (Ms. 260, RAG). 4½ ganzseitig beschriebene Blätter.

Die »rothe Liese« ist nicht nur eine »Unglückliche«, sie ist nicht nur das Opfer von Heuchelei und Ausbeutung, und ihre Geschichte ist nicht nur die Geschichte (wie Bettys, Claras, Agnes', Annes) einer jungen Frau, es ist auch die Geschichte einer Tochter, die darunter leidet, die Mutter (auf dem Totenbett) zu enttäuschen. Die Erwartung der Mutter, die eine Handschuhnäherin in ihr sehen will, zu enttäuschen, wiegt schwerer als irgendeine andere ethische Vorstellung. In ihrem Dirnenleben kommen die Ängste Lisbeths (*Der Ball*), das Unglück Claras (*Das Eine*) und die nächtlichen Ausschweifungen der Näherin (*Die Näherin*) zusammen in einem Bild verschwiegener, verdrängter, unbewältigter Sexualität. Bis in die Zeit der *Duineser Elegien,* wird Rilke nicht müde, diese Frage zu thematisieren. Vgl. dazu insbesondere den *Brief des jungen Arbeiters* vom 11./12. 2. 1922 (SW 6, S. 1111-1127; hier S. 1123): »Und hier in jener Liebe, die sie mit einem unerträglichen Ineinander von Verachtung, Begierlichkeit und Neugier die ›sinnliche‹ nennen, hier sind wohl die schlimmsten Wirkungen jener Herabsetzung zu suchen, die das Christentum dem Irdischen meinte bereiten zu müssen. Hier ist alles Entstellung und Verdrängung, obwohl wir doch aus diesem tiefsten Ereignis hervorgehen und selber in ihm die Mitte unserer Entzückungen besitzen.« Vgl. auch die ⟨*Sieben Gedichte*⟩ (SW 2, S. 435-438) und den Brief Rilkes an Rudolf Bodländer am 23. 3. 1922 (also ein paar Wochen nach dem *Brief des jungen Arbeiters*). Selbstverständlich ist Rilkes Aufmerksamkeit für die Fragen des Umgangs mit Erotik und Sexualität keine bloß persönliche Angelegenheit. Es genügt, an Sigmund Freud zu erinnern, Arthur Schnitzler oder Frank Wedekinds *Frühlings Erwachen* (1890/91). Zitat aus Wedekinds Vorwort zu *Feuerwerk. Erzählungen* (1906): »Denn auf keinem anderen Gebiete wuchert so viel Aberglauben, auf keinem andern Gebiete sind so viel grundfalsche ›Wahrheiten‹ im Umlauf, um uns zu den widersinnigsten Tollheiten zu verleiten, wie auf dem der Erotik und Sexualität. Ist das ein Wunder, wenn diese Gebiete durch die himmelhohe Schranke des Anstandes, durch diese offenkundige Vogel-Strauß-Politik, von unserer klaren Vernunft geschieden sind?« (*Gesammelte Werke*, München, Leipzig 1919, S, 203). Vgl. auch die Erläuterungen zu *Die Näherin*.
Literatur: Siegfried Unseld, ›*Das Tagebuch Goethes*‹ *und Rilkes* ›*Sieben Gedichte*‹, Frankfurt/Main 1978.

Rosa von Viterbo] Die heilige Rosa von Viterbo, 4. September, Clarissin, berühmt wegen ihrer Keuschheit und Mildtätigkeit. Die heilige Rosa in dieser

Geschichte ist vielleicht die erste, aber bei weitem nicht die letzte Nonne, auf die sich Rilke beruft, wenn er die (auf Besitz) verzichtende Liebe verherrlichen will. Die berühmteste unter ihnen ist die portugiesische Nonne Marianna Alcoforado (1640-1723), deren (tatsächlich fingierte) Briefe Rilke 1913 übersetzte. Vgl. Rilkes Brief an Clara Rilke vom 3. 9. 1908, in dem er von einer Diskussion mit Rodin berichtet: »Und ich nenn ihm die Nonne und sprech ihm von all der da und dort verwandelten Seligkeit und von dem Willen der Frau über die Befriedigung hinaus; daran glaubt er nicht; und er hat leider so viele Heilige für seine Meinung, mit denen sich beweisen läßt, daß sie Christus gebrauchten wie einen Beischläfer«. Daß die Kunst (in Form der Legende) das Verhalten des Menschen beeinflussen oder stärken könne, gehört zu den Glaubenssätzen, die Rilke später hartnäckig bestreiten wird. Vgl. Rilkes Brief an Lisa Heise vom 2. 8. 1919: »Das Kunst-Ding kann nichts ändern und nichts verbessern, so wie es einmal da ist, steht es dem Menschen nicht anders als die Natur gegenüber, in sich erfüllt, mit sich beschäftigt (wie eine Fontäne), also, wenn man es so nennen will: teilnahmslos.« (*Briefe an eine junge Frau*, S. 8)

Zwei Schwärmer

Erstdruck.
Textgrundlage ist die eigenhändige Reinschrift (Ms. 263, RAG). Neben dem Titelblatt mit Titel und Motto drei vollgeschriebene Blätter im Folioformat.

Der Verzicht der beiden Liebenden auf die Verwirklichung ihrer Liebe und ihre Institutionalisierung in Form einer Ehe mit gemeinsamer Wohnung, wovon beide reden und träumen, nimmt vorweg, was das Liebes-Lied in den *Aufzeichnungen des Malte Laurids Brigge* als hehre Aufgabe fragend umschreibt (SW 6, S. 936):

> Du, die mir nicht sagt, wenn sie wacht,
> meinetwillen:
> wie, wenn wir diese Pracht
> ohne zu stillen
> in uns ertrügen?

Wie andere frühe Erzählungen auch – etwa *Ihr Opfer* (in diesem Band) und *Die Flucht* (SW 4, S. 46-52) – verarbeitet auch *Zwei Schwärmer* eigene Erfahrungen: das Dilemma, in das René mit seiner Prager Geliebten Valerie von David-Rhonfeld geraten war. Ihr hatte er die Träume, die Erhard und Magda auf ihrem Weg durch die »Nymphenburger Allee« vom »lodernden Kaminfeuer«

träumen, schriftlich und brieflich vorgeträumt und dabei den »Kamin« der beiden »Schwärmer« noch in den Schatten gestellt (Brief vom 19. 9. 1893, VDR, S. 101 f.) – und wird sie schließlich doch verlassen. Vgl. auch die Erläuterungen zu *Der Rath Horn*.
Literatur: Eudo C. Mason, *Merline oder die besitzlose Liebe*, in: ders., *Exzentrische Bahnen. Studien zum Dichterbewußtsein der Neuzeit*, Göttingen 1963, S. 265-283.

aus dem Buche der Thorheit] Parodistische Anspielung auf das »Buch der Weisheit«, Salomo zugeschriebener, jüngster, den Apokryphen zugerechneter Teil des Alten Testaments.
Berlin] Rilkes erster Aufenthalt in Berlin war vom 1. bis 3. September 1895 auf seiner Rückreise von der Kur in Misdroy nach Prag. (Brief an Valerie von David-Rhonfeld am 31. 8. 1895, VDR, S. 208)
Max Josefstraße] Straße in München, Nähe Stadtzentrum. Rilkes erster Aufenthalt in München zusammen mit dem Vater war im August 1894.
Nymphenburger Allee] Nymphenburger Straße in München, westlich der Max-Josef-Straße.

Bettys Sonntagstraum

Erstdruck.
Textgrundlage ist die erste eigenhändige Niederschrift (Ms. 264, RAG). Titelblatt mit Namen, 8 handschriftlich nummerierte Blätter im Folioformat, zwei mit Namensstempel: »RENÉ MARIA RILKE«, 7½ Seiten beschrieben.

Nicht von ungefähr ist Betty die Figur, der das Hauptinteresse des Erzählers gilt. Karl, der verliebte und treulose »Commis«, bestätigt, was Rilke seinen Malte über den Mann schreiben läßt und was er selbst immer wieder verkündet hat: Die Frauen »haben Jahrhunderte lang die ganze Liebe geleistet, sie haben immer den vollen Dialog gespielt, beide Teile. Denn der Mann hat nur nachgesprochen und schlecht. Und hat ihnen das Erlernen schwer gemacht mit seiner Zerstreutheit, mit seiner Nachlässigkeit, mit seiner Eifersucht, die auch eine Art Nachlässigkeit war. Und sie haben trotzdem ausgeharrt Tag und Nacht und haben zugenommen an Liebe und Elend.« (SW 6, S. 832) Die zerstreute Unaufmerksamkeit Karls und die Träume Bettys sind geschickt vor den Hintergrund einer Operette gestellt, und Karl ist als ein von einer »deutlich schönen« (SW 6, S. 857) Frau verführter, bemühter, aber schwacher Liebhaber gezeichnet. Die negative Zeichnung des Mannes müßte auch die feministisch ausgerichtete Kritik (vgl. die Erläuterungen zu *Ihr Opfer*) stärker berücksichtigen.

Konfektioneuse] Angestellte in großen Geschäften des Bekleidungswesens, speziell ausgebildete Schneiderinnen, Näherinnen.
tropenreiche Rede] Figurenreiche, geschmückte, bilderreiche Rede. Diese Kritik wird Rilke wenige Jahre später verschärft wiederholen in seinem *Offenen Brief an Maximilian Harden* (SW 5, S. 482-493) gegen die Vertreter des Gerichtes, oder wesentlich später noch in seinem Briefwechsel mit Ungern-Sternberg (*Briefwechsel mit Rolf Freiherrn von Ungern-Sternberg*, Leipzig 1980) gegen Schriftsteller, die sich mit »vorhandenen, gutgeprägten Ausdrücken« begnügen.

Eine Tote

Textgrundlage ist der Erstdruck.
Die Erzählung erschien zuerst in: *Deutsches Abendblatt*, Prag, IX. Jahrgang, Nr. 17, 18, 19, am 22., 23. und 24. 1. 1896. Wieder abgedruckt in: BVP 1896 und in: SW 4, S. 433-445 und KA 3, S. 33-42.
Die ›Psychologische Skizze‹ ist vermutlich nicht lange vor ihrem Erscheinen entstanden.

Der Form nach (Rahmenerzählung) weist die Skizze voraus auf die *Geschichten vom lieben Gott* und auch auf die ersten Entwürfe des *Malte*. Felice ist eine der vielen verlassenen oder vereinsamten Liebenden (wie Clara, die Näherin, Lisbeth, Betty, Magda) des Rilkeschen Werkes. Charakteristisch ist auch die Erlöserrolle des Mannes. Die Krankheit als Entschuldigungs- und Rechtfertigungsgrund für die Treulosigkeit wird später verdrängt durch das Bedürfnis nach und das Recht auf Unabhängigkeit des zum Künstlertum berufenen Mannes (soziale Funktion des Künstlerbegriffs); vgl. die Erläuterungen zu *Der Rath Horn*.
Wie viele andere auch reflektiert die Erzählung biographische Details, so etwa Rilkes Erholungsaufenthalte in Böhmen, in Schönfeld (1892) und Dittersbach (Juli 1895), und im Ostseebad Misdroy (August 1895), die Trennung von der Freundin seiner Gymnasialjahre Valerie von David-Rhonfeld im Dezember 1895, den Glauben an die Kraft der eigenen Erzählergabe.

Malachit] Smaragdgrünes Mineral.
Gabriel Max] Gabriel von Max (1840-1915), in Prag geborener Maler. Noch in den wenige Monate vor der Erzählung erschienen *Böhmischen Schlendertagen* (SW 5, 287-300) hatte sich Rilke sehr herablassend über den Maler geäußert: »Übrigens ist mir der ganze Max'sche Affenkultus lieber als seine großäugigen, fremd dreinschauenden Mädchengestalten.«
Da siehst du] Das Erlebnis, das Felice im folgenden schildert, scheint ein Schlüsselerlebnis Rilkes selbst zu sein. Vgl. die Erläuterungen zu *Der Tod*.
selbander] Veraltet für: zu zweit, miteinander.

Totentänze

Textgrundlage ist der Erstdruck von 1896.
Die beiden Erzählungen wurden erstmals gedruckt in der Unterhaltungsbeilage zur Prager ›Deutschen Rundschau‹, 2. Jahrgang, Prag 1896, Nr. 6 vom 18. 3. 1896: *Und doch in den Tod*; Nr. 7 vom 1. 4. 1896: *Das Ereignis*. In einem Brief vom 23. 3. 1896 schrieb Rilke an Baronesse Láska van Oestéren: »Demnächst erscheint mein 2. Wegwartenheft, welches ein Drama bringt; ich sende es Ihnen sofort nach dem Erscheinen. Auch meine Skizzen Totentänze die jetzt folgeweise in der hiesigen ›Deutschen Rundschau‹ später gesammelt in Buchform erscheinen, werde ich Ihnen senden.« Auf dem rückwärtigen Umschlag des erwähnten Wegwartenheftes, das am 1. 4. 1896 erscheint, werden die »Totentänze. Zwielicht-Skizzen« als »in Vorbereitung« befindlich angezeigt. Das angekündigte Buch ist nicht erschienen. *Und doch in den Tod* wurde wieder abgedruckt in: BVP 1896.

⟨*I*⟩
Und doch in den Tod

Und doch in den Tod spiegelt Rilkes These vom hohen Rang der ›Arbeit‹ für den Künstler, für den die Leiden des Lebens und der Liebe von geringerer Bedeutung sind als für andere Menschen. Vgl. auch die Erläuterungen zu *Der Rath Horn, Der Dreiklang, Zwei Schwärmer* und *Ihr Opfer*, Texte in denen auch Künstler (es sind immer Männer) im Verhältnis zu Ihrer Frau oder Geliebten gezeigt werden. – Über die Kunst als »Trösterin« in der frühen Dichtung siehe Löwenstein, S. 47-52; hier besonders S. 50 f.

Ich griff also in die linke Tasche] Der zufällige Fund einer passenden (helfenden) Lektüre ist ein bekannter Topos (Petrarca auf dem Mont Ventoux bot sich »zufällig« das zehnte Buch der *Bekenntnisse* des heiligen Augustinus dar), der sich insbesondere in den *Aufzeichnungen des Malte Laurids Brigge* häufig findet: »Nun schlägt es sich auch mir an den Stellen auf« (SW 6, 897); »Das Buch schlug sich ihm immer an den einfachsten Stellen auf« (SW 6, S. 910); »Daß die Schönste ⟨...⟩ sich das kleine Buch fände« (SW 6, S. 927). Vgl. auch die Erläuterungen zu *Schwester Helene*; zu Petrarcas »zufälliger« Augustin-Lektüre vgl. Rilkes Brief an Lili Schalk vom 14. 5. 1911.

⟨II⟩
Das Ereignis

Das Ereignis kann als Gegenstück zu *Ein Charakter* (SW 4, S. 451), *Das Eine* oder *Der Ball* gelesen werden. Die gesellschaftliche Konformität des »Herrn M.« in *Ein Charakter* wird satirisch bloßgestellt, während »Herr Savant« die ihm mißlingende Lösung selbst bedauert und die beiden Frauen Clara und Lisbeth bis zur Selbstzerstörung an den Rollenzuweisungen und gesellschaftlichen Ritualen leiden.

Ihr Opfer

Textgrundlage ist der Erstdruck in: Sommer-Beilage der *Politik*, Prag, 28. 6. 1896, Nr. 177, S. 3 f. Es ist nicht mehr festzustellen, wie lange vor dem Erstdruck die Erzählung entstanden ist. Dem Text ist im Erstdruck eine redaktionelle Einführung vorausgeschickt, in der es heißt: »Die folgende stimmungsvolle Skizze ist dem in Bälde erscheinenden Novellenbuche ›Was toben die Heiden‹ entnommen.« (Hünich, S. 20.) Nach einem Brief an den Verleger Adolf Bonz vom 12. 6. 1897 (SW 4, S. 1012) war *Ihr Opfer* dann, als Rilke seine Pläne mit dem Novellenband geändert hatte, für die Sammlung *Am Leben hin* (SW 4, S. 7-96) vorgesehen, wurde aber schließlich doch nicht berücksichtigt. Die Erzählung wurde aber sowohl in die SW (4, S. 474-479) aufgenommen wie auch in die KA (3, 72-76). Die Handschrift ist verschollen.

Der Stoff erinnert an den Selbstmord der Charlotte Stieglitz, die durch tiefen Schmerz dem dichterischen Schaffen ihres Mannes, des Schriftstellers Heinrich Stieglitz (1806-1849), neue Kraft verleihen wollte. Allerdings kam der Stoff der bleibenden These Rilkes entgegen, daß künstlerisches Arbeiten mit den Anforderungen, wie sie der bürgerliche Ehe- und Familienalltag mit sich bringt, nicht vereinbar sei. Die Absicht, die die Ehefrau Agnes mit ihrem Selbstmord verfolgt, wird bestätigt in der durch den Tod der Braut ausgelösten schöpferischen Periode des Schriftstellers in *Der Rath Horn* (vgl. die Erläuterungen hierzu); ihre Ängste werden bestätigt von den beiden Liebenden in *Zwei Schwärmer* und von Clara in *Das Eine*. Abgesehen von der speziellen Spannung zwischen Künstlerexistenz und bürgerlichem Alltag ist der Opfertod der Frau Agnes eine Variante des Todesmotivs und eine Variante speziell der Gründe für den Selbstmord in den frühen Novellen. In 18 von 23 der hier zusammengekommenen Geschichten ist der Tod – der selbstgewählte, der gewaltsame, der natürliche und bei einer ganzen Reihe von Erzählungen eine Verbindung von mehreren Formen – das entscheidende Thema oder zumindest ein handlungsbestimmendes Element.

Literatur: H. Ritmeester (aus feministischer Sicht: »self-sacrificing women«), S. 186-190; Susanne Ledanff, *Charlotte Stieglitz*, Frankfurt/Main, Berlin 1986.

er würde nie im Stande sein] Trifft auf fast alle Männer (Liebhaber) im Werk Rilkes zu.

Requiem

Erstdruck.
Dem Text liegt das eigenhändige Manuskript (Ms. 268, RAG) zugrunde. Titelblatt mit Datum vom 23. IV. 1897, Titel und Namen: »von René Maria Rilke«, wie die folgenden vier, mit römischen Zahlen versehenen Blätter auf liniertes Papier mit dem Aufdruck »Wegwarten« (oben links) und »René Maria Rilke.« (oben rechts). Nach einer Anzeige im dritten Heft der *Wegwarten* vom 29. 10. 1896 war die Erzählung für einen »Band Prosa-Skizzen« vorgesehen, der »Mitte 1897« erscheinen sollte.

Diese Liebesgeschichte entstand dem Datum nach in München, wohin Rilke nach einer Italienreise (Arco, Venedig, Bozen, Meran) und einem kurzen (17./ 18. April) Ausflug nach Konstanz am 21. April 1897 zurückgekehrt war. Das Datum (23. IV.) wird bestätigt durch die »Osterglocken«, die schon in einem in Konstanz geschriebenen Gedicht (*Vision, Konstanz, in der Osternacht 1897* – SW 3, S. 449 f.) erwähnt sind.

Den Titel *Requiem* wird Rilke später noch für einige seiner ganz großen Gedichte verwenden (*Requiem für eine Freundin, Requiem für Wolf Graf von Kalckreuth* (SW 1, S. 641-664), aber auch wo der Titel nicht vorkommt, ist das Totengedächtnis kein seltenes Motiv seiner Dichtung. Erinnert sei an die *Sonette an Orpheus*, »Geschrieben als ein Grab-Mal für Vera Ouckama Knoop«. Hinzuweisen ist auch auf die von Carl Sieber (*René Rilke*, S. 95) erwähnten »Gedichtüberschriften« wie »Das Grabmal, Resignation, Allerseelen, Der Friedhof, Die Waise«. Das sind Texte, die sich in einem schwarzen Notizbuch des Jahres 1888 finden und die schon vom Titel her in den Umkreis des Totengedächtnisses gehören. Von der Konstellation her (Knabe, älteres Mädchen) wäre an jene »Amélie« zu denken, deren Name René in *Resignation* erwähnt (SW 3, S. 476 f.):

Resignation

Bleischwer fließet mir das Leben
ohne sie dahin, –
und mein freudenloses Streben
hat nur sie im Sinn. –

> Ach mein Herz ist dir so offen
> holdes teures Kind
> laß mich jetzo nur im Stillen hoffen
> daß wir glücklich sind.
>
> Was sind mir die Freuden des Lebens o! sieh
> ohne dich mein liebes Mädchen
> ohne dich oh teure Amélie.

Daß es sich (jedenfalls von der Anlage her) nicht um ein vorübergehendes Erlebnis handelt, geht aus einem späten Gedicht hervor (Februar 1924, SW 2, S. 152):

> Dies ist Besitz: daß uns vorüberflog
> die Möglichkeit des Glücks. Nein, nicht einmal.
> *Un*-Möglichkeit sogar; nur ein Vermuten,
> daß dieser Sommer, dieser Gartensaal, –
> daß die Musik hinklingender Minuten
> unschuldig war, da sie uns rein betrog.
>
> Du, schon Erwachsene, wie denk ich dein.
> Nicht mehr wie einst, als ein bestürztes Kind,
> nun, beinah wie ein Gott, in seiner Freude.
> Wenn solche Stunden unvergänglich sind,
> was dürfte dann das Leben für Gebäude
> in uns errichten aus Geruch und Schein.

Ohne daß die Zusammenhänge noch ganz geklärt sind, die »Begegnung mit ›Amélie‹« (Schnack, *Chronik*, S. 13) fällt in Rilkes Sommeraufenthalt mit der Mutter in Canale 1885. Es wäre verständlich, wenn die Reise im März/April 1897 die lange zurückliegende, aber offensichtlich intensive Erinnerung aufgefrischt hätte. Vgl. auch die Notiz vom 26. Juli 1888 (Chronik, S. 15).
Unabhängig von diesem biographischen Hintergrund läßt der kleine erzählerische Einfall aufhorchen wegen seines Personals, des Schauplatzes, der Handlung, des Stils. Die Erzählung führt weit weg aus der zivilisatorischen Gegenwart, dem Blick auf »Fabrikshallen«, weg aus den engen Stuben in oberen Stockwerken und »ernsten, grauen Häusern«, weg von aller »Näharbeit«, allem Waschküchendunst in eine blumenreiche Wiesenlandschaft, die den Glanz eines »goldenen Märchens« und eines »leuchtenden Wunderlands« hat. Die Zwänge des Alltags und die Demütigungen der Not sind verschwunden, die naturalistische Nähe ist einer von Blüten erfüllten Mailuft gewichen. Die Verdächtigung des Erotischen, die Erniedrigung (*Die Näherin, Die rothe Liese, Eine*

Heilige, Der Ball) haben sich gründlich gewandelt in eine geradezu religiöse Feier der Sinnlichkeit, der Verklärung von Liebe und Leidenschaft. Eine verwandte Funktion haben auch die Bilder, die Natur und Landschaft gleichsam in ästhetischen Kategorien fassen: »Westliche Wolken schatteten auf dem Goldgrund.« Man spürt den Einfluß des Jugendstils.
Es ist freilich festzuhalten, daß Rilke Jahre später seinem Malte Laurids Brigge die Großstadterfahrungen (Anonymität, Massen, Verkehr, Einsamkeit) zumuten wird als Leid.
Literatur: Karl Eugene Webb, *Rainer Maria Rilke and Jugendstil. Affinities, Influences, Adaptations*, Chapel Hill 1978.

Osterglocken] Ostern war am 18. April, die Erzählung ist auf den 23. April datiert.

Goldgrund des späten Himmels wie riesige nachgedunkelte Prop‹h›tenbilder] Vgl. die Erläuterungen zu *Eine Heilige*.

Kinder ‹...› lernen schwer lachen] Entspricht Rilkes Zeichnung seiner eigenen Kindheit. Vgl. dazu Stephan Porombka, »*Wer jetzt lacht ... lacht mich aus*«. *Lachen mit Rilke*, in: *Poetik der Krise. Rilkes Rettung der Dinge in den ›Weltinnenraum‹*, hg. von Hans Richard Brittnacher, Stephan Porombka und Fabian Störmer, Würzburg 2000, S. 63-83.

LITERATUR- UND SIGLENVERZEICHNIS

I Werke und Briefe Rilkes

BEK	Rainer Maria Rilke, *Briefwechsel mit Ellen Key. Mit Briefen von und an Clara Rilke-Westhoff*, hg. von Theodore Fiedler, Frankfurt/Main, Leipzig 1993.
Briefe, Bd. I / II	Rainer Maria Rilke, *Briefe in zwei Bänden*, hg. von Horst Nalewski, Frankfurt/Main, Leipzig 1991.
BVP 1896	Rainer Maria Rilke, *Briefe, Verse und Prosa aus dem Jahre 1896*, hg. von Richard von Mises, New York 1946.
KA	Rainer Maria Rilke, *Kommentierte Ausgabe in vier Bänden*, hg. von Manfred Engel, Ulrich Fülleborn, Horst Nalewski und August Stahl, Frankfurt/Main, Leipzig 1996.
RAG	Rilke-Archiv Gernsbach.
SW	Rainer Maria Rilke, *Sämtliche Werke*, hg. vom Rilke-Archiv in Verbindung mit Ruth Sieber-Rilke, besorgt durch Ernst Zinn, 6 Bände, Frankfurt/Main 1955-66.
VDR	Rainer Maria Rilke, *»Sieh dir die Liebenden an«. Briefe an Valerie von David-Rhonfeld*, hg. von Renate Scharffenberg und August Stahl, Frankfurt/Main, Leipzig 2003.

Rainer Maria Rilke, *Briefe an Baronesse von Oe*, hg. von Richard von Mises, New York 1945.

Rainer Maria Rilke, *Briefwechsel mit einer jungen Frau*, hg. von Horst Nalewski, Frankfurt/Main, Leipzig 2003.

Rainer Maria Rilke, *Weihnachtsbriefe an die Mutter*, hg. von Hella Sieber-Rilke, Frankfurt/Main, Leipzig 1995.

Phia Rilke, *Gedanken für den Tag. Mit unveröffentlichten Briefen Rainer Maria Rilkes an seine Mutter*, hg. von Hella Sieber-Rilke, Frankfurt/Main, Leipzig 2002.

Sophia Rilke, *Ephemeral aphorisms*. Translated and introduced by Wolfgang Mieder and David Scrase. Riverside, CA 1998 (vgl. insb. die Einführung mit einer Ehrenrettung Phia Rilkes).

II Forschungsliteratur

Peter Demetz, *René Rilkes Prager Jahre*, Düsseldorf 1953.
Hajo Drees, *Rainer Maria Rilke. Autobiography, Fiction, and Therapy*, New York u. a. 2001.
Ralph Freedman, *Rainer Maria Rilke. Der junge Dichter (1875-1906)*, Frankfurt/Main, Leipzig 2001.
Henry F. Fullenwider, *Rilke and his Reviewers. an annotated bibliography*, University of Kansas Libraries 1978.
Rüdiger Görner, *Rainer Maria Rilke. Im Herzwerk der Sprache*, Wien 2004.
Robert Heinz Heygrodt, *Die Lyrik Rainer Maria Rilkes*, Freiburg i. Br. 1921.
Fritz Adolf Hünich, *Rilke-Bibliographie. Erster Teil. Das Werk des Lebenden*, Leipzig 1935 (zitiert: Hünich).
Byong-Ock Kim, *Rilkes Militärschulerlebnis und das Problem des verlorenen Sohnes*, Bonn 1973.
David Kleinbard, *The Beginning of Terror*, New York, London 1993.
Hertha Koenig, *Erinnerungen an Rainer Maria Rilke und Rilkes Mutter*, hg. und mit einem Nachwort versehen von Joachim W. Storck, Bielefeld 1992.
Wolfgang Leppmann, *Rilke. Leben und Werk*, Bern, München 1981.
Friedrich Look, *Adoleszenzkrise und Identitätsbildung. Zur Krise der Dichtung in Rainer Maria Rilkes Werk*, Frankfurt/Main, Bern, New York 1986.
Helmut Naumann, *Studien zu Rilkes frühem Werk*, Schäuble Verlag, Rheinfelden, Berlin 1991.
Sascha Löwenstein, *Poetik und dichterisches Selbstverständnis. Eine Einführung in Rainer Maria Rilkes frühe Dichtungen*, Würzburg 2004.
Eudo C. Mason, *Rainer Maria Rilke. Sein Leben und sein Werk*, Göttingen 1964.
Eudo C. Mason, *Rilke und Goethe*, Köln, Graz 1958.
Donald A. Prater, *Ein klingendes Glas. Das Leben Rainer Maria Rilkes*, München, Wien 1986.
Rio Preisner, *Rilke in Böhmen. Kritische Prolegomena zum altneuen Thema*, in: *Rilke heute*, hg. von Ingeborg H. Solbrig und Joachim W. Storck, Frankfurt/Main 1976, S. 207-245.
Hubertina Ann Ritmeester, *Rilke and the »motherhood debate«: A feminist Perspective on the young Rilke*, Ann Arbor (Diss.) 1989.
Hugo Rokyta, *Das Schloss im »Cornet« von Rainer Maria Rilke. Mit 41 Abbildungen*, Wien o. J. (= Österreich-Reihe, Band 323/325).
Judith Ryan, *Rilke, Modernism and Poetic Tradition*, Cambridge University Press 1999 (vgl. besonders S. 41-49: »Nordic Childhoods«).
Stefan Schank, *Kindheitserfahrungen im Werk Rainer Maria Rilkes*, St. Ingbert 1995.

Ingeborg Schnack, *Rainer Maria Rilke. Chronik seines Lebens und Werkes*, 2., neu durchgesehene und ergänzte Auflage, Frankfurt/Main 1996 (zitiert als *Chronik*).

Walter Seifert, *Das epische Werk Rainer Maria Rilkes*, Bonn 1969.

Carl Sieber, *René Rilke. Die Jugend Rainer Maria Rilkes*, Leipzig 1932.

Carl Sieber, *Rilkes äußerer Weg zu Goethe*, in: *Dichtung und Volkstum. Neue Folge des Euphorion. Zeitschrift für Literaturgeschichte* 37 (1936), S. 51-60.

Erich Simenauer: *Rainer Maria Rilke. Legende und Mythos*, Frankfurt/Main 1953.

August Stahl: *Rilke und die Wiener Justiz. Zur Entstehungsgeschichte eines Plädoyers. Rilkes offener Brief an Maximilian Harden.* In: *Rilke heute. Der Ort des Dichters in der Moderne*, hg. von Vera Hauschild, Frankfurt/Main 1997, S. 17-36.

EDITORISCHE NOTIZ

Die hier zusammengestellten Texte wurden, soweit das möglich war, nach den Handschriften ediert. Das trifft natürlich zu für die zum ersten Mal veröffentlichten Texte, aber auch für die Erzählungen *Die Näherin*, *Was toben die Heiden?* und *Der Rath Horn*. Bei den Erzählungen, die nur als Drucke überliefert sind, wurden die Druckfassungen übernommen bzw. die Form, in der sie in den *Sämtlichen Werken* wiedergegeben sind. Die Kommentare geben darüber im einzelnen genaue Auskunft.
Die Transkription hält sich zeichen- und buchstabengetreu an die Vorlagen und versucht auch die Architektur der Handschriften (Einrückungen, Absätze) in etwa zu berücksichtigen. Gelegentliche Ergänzungen im Text sind durch spitze Klammern (⟨ ⟩) kenntlich gemacht, grobe Verstöße gegen die Rechtschreibung in Fußnoten angemerkt. Streichungen, die vor allem in den Handschriften sehr häufig sind, die als Entwürfe oder erste Niederschriften vorhanden sind, wurden weggelassen. René Rilke schrieb die Eigennamen in lateinischer Schrift, alles andere in deutscher Schreibschrift. In dieser Ausgabe steht kursiv nur das im Text z. B. durch Unterstreichung oder lateinische Buchstaben besonders Hervorgehobene, nicht aber die Eigennamen.
Die Schreibweise von ›ss‹ und ›ß‹ unterscheidet sich von der in früheren Ausgaben. Rilke verwendete neben dem ›ß‹ (nach langen Vokalen und nach Doppellauten) meist die Kombination von Lang-s und Rund-s (nach kurzen Vokalen), eine Kombination, die man bisher als ›ß‹ gelesen hat, in dieser Ausgabe aber als Doppel-s geschrieben ist, sofern die Vorlage eine Handschrift war.

Eine Ausgabe wie diese ist auf Zustimmung und Hilfe angewiesen, und es besteht folglich Anlaß zur Dankbarkeit. Danken möchte ich vor allem Hella und Christoph Sieber-Rilke für ihr Einverständnis zu diesem Unternehmen und Hella Sieber-Rilke, der Betreuerin des Rilke-Archivs in Gernsbach, besonders für ihre Unterstützung bei der vielen Kleinarbeit, für die Bereitstellung der Kopien, die Hilfe beim Vergleich der Kopien mit den Originalen und die Entzifferung schwieriger Passagen sowie die Informationen zur Überlieferung. Zu danken habe ich auch Renate Scharffenberg, die geduldig und mit erprobter Genauigkeit alle Texte durchgesehen und korrigiert hat.

August Stahl

INHALT

Das Eine 5
Der Rath Horn 10
Der Dreiklang 19
Was toben die Heiden? ... 23
Die Näherin 30
Schwester Helene 38
Silberne Schlangen. Ein Nachtstück 44
»To« 48
Der Tod 53
Die goldene Kiste 56
Pierre Dumont 60
Der Ball 65
Der Betteltoni 69
Das Christkind 76
Eine Heilige 83
Die rothe Liese. Geschichte einer Unglücklichen 90
Zwei Schwärmer. Ein Kapitel aus dem Buche der Thorheit 97
Bettys Sonntagstraum 102
Eine Tote. Psychologische Skizze 110
Totentänze. Zwielicht-Skizzen aus unseren Tagen 118
　〈I〉 Und doch in den Tod 118
　〈II〉 Das Ereignis. Eine ereignislose Geschichte 122
Ihr Opfer 128
Requiem 132

Anhang

Zum »Novellenbuch« des jungen Rilke 139
Erläuterungen 153
Literatur- und Siglenverzeichnis 178
Editorische Notiz 181